JN074386

新装版 「工場管理」基本と実践シリーズ

工場長スキルアップノート

工場長スキルアップ研究会—編

Skill Up Note

日刊工業新聞社

はじめに

　企業規模の大小にかかわらず工場長は経営の中枢に位置し、工場のみならず企業経営の重責を担う存在である。したがって、生産現場の管理者としてはもちろん、経営者の一員としての視野と実力を持つことが求められている。その自覚がモノづくりの責任者の根底になければならない。

　しかし、製造現場出身の工場長は経営者としての経験が少なく、訓練も受けていないため、経営マネジメント力不足という課題がある。一方で昨今では製造部門の経験が浅く、現場管理に精通しない工場長も増えており、工場改善とマネジメント両面のスキル向上を急ぐ機運が高まっている。

　日刊工業新聞社の「工場管理」誌では、2005年1月号から「工場長のページ—今、求められる工場長のあるべき姿」を連載し、現代における工場マネジメントのスキル向上に必要な語句や概念を解説してきた。その完結を機に臨時増刊号としてまとめて刊行し、完売後は単行本として引き続き販売するに至った。基本方針として、連載テーマをベースに新しくてより広い視点から構想を練り直し、書き改めている。その視点とは、以下に挙げるものである。

1．工場管理を経営的レベルにアップする

　工場における経営マネジメントとはどういうことか。例えば戦略的に工場を経営するということがある。そこで、なぜ戦略が重要か、戦略と戦術はどう違うか、計画とはどう違うかなどを解説する。そこから戦略の立て方および計画を経て、管理サイクルを回していくやり方が把握できる。

　また、連日のように問題が表面化している企業の社会的責任（工場が直接責任を負うものも少なくない）について、抽象的な理解でなく、具体的にどういうことが責任と言われるものかを解説する。それによって、具体的なリスク対策に結びつけることができる。そのほか、技術経営、マーケティング、財務管理などの経営的マネジメントスキルについても理解を深めるようにする。

2．モノのライフサイクルを一貫して捉えてみる

　従来モノづくりといえば、生産段階だけを指していたが、広い意味でのモノづくりとは、モノ（製品）の誕生から消滅までの一生、すなわち研究開発、商品設計から試作・量産を経て生産と続き、さらに流通を経て廃棄に至るまでを指す。

　そういう立場でモノのライフサイクルを眺めた場合、工場長の果たすべき役割とは何か。例えば設計段階、試作段階から工場長は積極的に参画し、どうすれば立上げを迅速確実にできるか、あるべき品質やコストを安定的につくり込めるか、生産方式や設備はどうあるべきかを考え、主張しなければならない。また、製品をつくった後の流れに関して、サプライチェーン・マネジメントとは何か、製品の廃棄処理はいかに行われているかなどを解説する。それによって、やはり工場長としてどう参画し、発言すべきかを知ることができる。

3．工場管理の基本と最新の改善スキルを学ぶ

　生産現場に根差したカイゼン活動は日本企業の得意技であるが、伝統的なやり方を踏襲しているだけでは限界がある。5S、品質管理、安全管理、設備管理など、基本的な生産管理のあり方や伝統的なカイゼン活動についても解説するが、同時にコスト開発や総合生産性マネジメントなど新しい考え方についても解説する。それらに共通しているのはトップダウンによる目標明示、組織横断的な運営である。

　それによって、現場の知恵のみに依存した10％、20％という原価低減から、国際的に競争し得る原価、品質を実現する道へとつなげることができる。

　　　島　　雄（島コンサルティングサービス）

新装版 はじめに

　2007年の本書単行本化から十数年が経過し、その間に日本のモノづくりは大きな変化を遂げた。自動化技術の進展と歩を合わせるようにロボット化が進み、人と機械が協調する時代を迎えている。また、大型投資中心であったものが、市場の変化に柔軟に対応できる段階投資が可能な設備が注目されるようになってきた。

　一方で、ソフトウェアの進歩も目覚ましい動きがある。AI・機械学習の進化や生産管理システムの進化が顕著になり、以前では考えられないほど社内外の枠を越えて情報連携が強化されてきた。

　しかし、いくら技術が進化しても、モノづくりに対する基本的考えは不変であり、逆に、昔は当たり前だったことが今は失われている側面が否めない。土台のないところへ、自動化や情報化というトレンドだけがもてはやされているようにも見受けられる。

　最新技術の自動機を導入したはずなのに、思ったように人が減らない。もしくは、AIを使ったシステムを導入したのに在庫が減らない、などということが当たり前のように起きてはいないだろうか。さらには本来、ここまで改善できるはずだという改善余地を見極めることができず、現状で満足してしまってはいないだろうか。1990年代後半から2000年代半ばのモノづくり全盛期を知る世代からすれば、現状はまだ打つべき手があると映っている。

　温故知新という言葉があるように、今こそ古きを温め、新しきを知る好機と言えるのではないだろうか。時代は、コロナウイルス感染症の蔓延やロックダウン、ウクライナ戦争、急激な円安という激変の中にある。

　中国を筆頭とするアジア諸国の賃金は上昇を続け、今や日本は韓国と同等の賃金規模にあえぐ。日本の空洞化は進み、モノづくり人材の伸び悩みという課題も抱えている。

　そうした中で、単にコストの安い国を求めて海外移転を図るのではない本質的な対応が必要になる。すなわち、日本の得意技を活かした生き残り、あるいは日本のみならず海外工場の生き残りに対して有効な打ち手が求められている。本書には、変革への原動力となる着眼点が示され、激動の時代に通用する本質論が展開されている。

　いつの時代も、現場の進化を牽引するのは工場のトップ＝工場長であり、工場長の質が工場の将来を左右すると言っても過言ではない。そのような工場長のレベルを高めるための必須要素が、本書で紹介する内容だ。目新しいものではないが、いわば過去から現在へ奥義をつなぐ"知恵の贈り物"である。

　過去の知恵と現代の技術が結びついたとき、新たな進化に結びつくのではないかと考えている。本書がその道しるべの一つとなり、日本そして世界のモノづくり活性化につながることを期待する。

2022年12月吉日

島　　雄（島コンサルティングサービス）

新装版「工場管理」基本と実践シリーズ
工場長スキルアップノート

CONTENTS

Ⅰ 今、工場長に求められる 25のスキル

1 工場長の資質と社会的責任

2 経営戦略・技術戦略

3 試作・量産計画・立上げ

4 生産

5　流通廃棄

管理能力と実行力を磨く工場長12訓

1. 自分の工場(部門、つまり城)は自分で守れ ・108／2. 工場の理想像を具体的に描け ・109／3. 工場の利益確保・極大化の公式を体で覚えよ ・110／4. 工場経営成功のためには基本を忠実に実施せよ ・111／5. 工場の現状を日常管理(維持、小改善)、方針管理(改革、大改善)で管理せよ ・112／6. 視野を広げて全体最適を追求せよ ・112／7. 効率の良い工場づくりを徹底せよ ・113／8. 効率の良い工場運営を実践せよ ・114／9. 技能・技術の維持と向上を図り、改革、大改善を果たせ ・115／10. 適切な評価・表彰制度を確立せよ ・116／11. 工場に必要な人材を養成・スカウトせよ ・117／12. 誰よりも仕事に打ち込め ・118

工場長の管理能力・実行力セルフチェック ─────── 120

第Ⅰ部

今、工場長に求められる 25 のスキル

1．工場長の資質と社会的責任　　2．経営戦略・技術戦略
3．試作・量産計画・立上げ　　4．生産　　5．流通廃棄

1 工場長のあるべき姿を探る

> **Point** 工場長は、製造部長の延長では困る。企業経営者としての自覚と働きが求められる。そのための「あるべき姿」とは？

1 工場長は経営者であるという自覚

ひと口に工場長と言っても、何千人を擁する工場から、社長が兼任する数名の工場の長まで、規模はさまざまである。肩書もいろいろあろう。しかし、企業経営の重責を担う一員であることに変わりはなく、まして製造業にあっては、経営の中枢と言える。その自覚がモノづくりの責任者の根底になければならない。

言い換えれば、大製造部長的な考え方ではだめである。独立した企業経営者としての働きが求められる。

会社の寿命は30年、商品の寿命は1年（ものによっては数カ月）と言われる時代である。さらにグローバル化が一段と進む中での競争は、ますます激しく、複雑になっている。

組織の盛衰・勝ち負けは、商品の宿命的な寿命だけによるのではない。組織の保有する人材の質と量に左右されることも明白である。しかも、変化が速く、激しく、厳しい時代には、その組織のリーダーにより、命運が左右されると言っても過言でない。

工場という組織の盛衰が、究極的には工場長に委ねられていることを再認識しよう。

2 工場長の役割

工場長の役割として以下のことが挙げられる。

(1)どういう組織にしたいのか、しなければならないのかというビジョンを描き、戦略化・目標化し、組織を一本の方向に向かわせること。そのためには、①工場経営理念の明確化、②工場ビジョンの確立、③工場経営方針（目標と施策）の明確化、④組織の統括、が求められる。

(2)メンバーのモチベーション高揚に努め、自ら期待される企業人像を示して、人材を育成すること。そのためには、⑤主要人事の適正化、⑥自らが期待される企業人・社会人の鏡となる、⑦工場従業員と意思疎通し、叱咤激励し、やる気を維持、向上させる、ことが求められる。

(3)きちんとした日常管理を行うとともに、組織体質と技術の改善・改革を怠らないこと。そのためには、⑧日常管理の管理サイクルを正しく回し、品質・原価・納期・安全・環境管理上のミスを出さない、⑨改革（大改善）の管理サイクルを回す、ことが求められる。

以上を実行し、実現するためには、ただ本社の指示に従って生産すればよい、また対外的には地域社会（自治体、諸団体、住民）や協力業者、原材料・部品メーカーなどとの関係を円満に保持すればよいというような、消極的な管理であってはならない。

組織も技術も常に磨きをかけ、改善していかなければ沈滞、衰退に陥る。工場長が保守的、保身的な態度では、たちまち従業員のモチベーションは下がり、クレームは増える。

工場が売買の対象となるなど、国内外の自社や他社の工場との競合にも勝ち抜かなければ、その存在が危うくなり、地域の雇用を守れない時代になっている。そのため、"どのような環境変化にも耐える力"を、どのようにすれば磨け、維持できるかも、すべて工場長の構想力、実践力にかか

表1 統計的に一定数以上支持されたコンピテンシー（行動特性）項目

	項　目	定　　義
基礎的要件	基礎体力	長期にわたる心身の酷使にも耐え得る強靭な体力と頑健さ
	情緒安定性	自分の感情の動きに自覚的で、必要な場合にその自己コントロールができる
	達成意欲	現状に満足せず、より高い成果を目指して自分自身をドライブしていく意欲の高さ
	問題解決能力	現状を分析し、問題をつかみ、解決策を構想してそれを実現・実行していく力
	コミュニケーション能力	口頭、文章、あるいは非言語的な方法も含めた意思疎通能力と、外国語の実践的な活用力
経営幹部候補スクリーニングの段階での要件	モノづくりに対するこだわり	モノづくりの中にこそわが国企業のコア・コンピタンスがあるとする信頼と信念
	三現主義志向	現場、現物、現実の中にこそ、進歩と変革のヒントがあるとする信念
	イノベーションの創出	イノベーションのためのブレークスルー・ポイントをつかみ、突破し展開する力
	ビジョン策定	組織としてのありたい姿を具体的にわかりやすく提示し、周囲に浸透させていく力
	本質把握力	表面的な流行やステレオタイプの判断に与せず、理想、理念、目的から物事の本質をつかむ力
	顧客志向性	お客様に関心を持ち、お客様の立場で考え、そのうえでお客様に何が提供できるかを考え抜く力
トップマネジメントとして発揮すべき要件	人間性尊重	人間を手段化することなく、常にその尊厳を認め尊重する姿勢
	品性・性格	裏表がなく、言行が一致していること、個人的な欲望に対して恬淡としていること
	ストレス耐性	どのようなストレスにさらされても自分を失わず、安定的な力を発揮する
	危機意識の醸成	周囲の人間が現実を見つめ、その中から危機意識を持っていくように仕向ける環境づくり
	グローバルビュー	常により大きな市場（グローバルマーケット）の視点から発想する目の高さ
	経営資源の有効活用	自らの経営資源の所在を認識し、その開発、結合、変換を考えながら有効利用していく力
	モノづくり業の基礎能力	製造業としてのつくる喜び、売る喜び、使う喜びの体験的理解とそれを実現するための能力

（注1）日本ものづくり・人づくり質革新機構第5部会「技術系経営幹部育成プログラム」提言報告書をもとに図表を一部改変し作成した
（注2）①基礎的要件とは、ミドルマネジメントかそれ以前の段階に要求されるコンピテンシー（行動特性）項目
　　　　②経営幹部候補スクリーニングの段階での要件とは、技術系経営幹部として最も重要な評価の対象となる要件
　　　　③トップマネジメントとして発揮すべき要件とは「トップマネジメントとしての実践を通じて発揮すべき要件」とされている

っている。

3 工場が生き残り発展するための考え方

(1)製造している商品(サービス)に魂を込める

競争力の源泉は何かをつかみ、磨き上げ、全員が執念で自分たちの仕事と職場を守る。

(2)顧客の個別の要望・欲求に個別に応え、新しい顧客を創造する

常に自分の商品を使っている消費者の顔を見て、ニーズに応えることで仕事に魂が入る。

(3)独自の機械、金型・治工具などの技術や技能を伸ばす

生産技術でのオンリーワン、ナンバーワンを目指す。

(4)利益管理・原価管理を徹底する

毎日決算、単品管理、職場別経営を徹底し、計画との差異が生じたときは合理的、迅速なアクションをとる。

(5)約束を守り、守れない約束はしない

4 「日本のものづくり・人づくり質革新機構」の提言から

厳しい工場経営環境の中、リーダー役の工場長をはじめとする技術系経営幹部に要求されるコンピテンシー(行動特性)について以下考えてみる。

日本企業の国際競争力を再構築するため編成された「日本ものづくり・人づくり質革新機構」の活動成果が各部会報告書としてまとまり、2000年代中頃に発刊された。このうち「技術系経営幹部育成プログラム」の提言報告書によれば、技術系経営幹部の役割については、「新しいものづくり業のリーダーとして、技術シーズと顧客ニーズの両面からのイノベーションを継続推進し、

ひとくちメモ コンピテンシー（competency）と コンピータンス（competence）

どちらも compete（競争する）、competition（競争）と同じ語源の competent（有能な、適任の）から来た名詞。したがって「能力」のこと。しかし、経営用語としての意味は異なる。

コンピテンシーは特に、成果を上げる能力のある人の行動特性を指す。日本語の「資質」と同義語として使われることがあるが、原義は異なる。マクマレンらが高い業績を上げ得る人には、共通の行動特性があるということを見出し、その特性をコンピテンシーと称したことによる。

ただし、「成功する人の行動特性」を隅々まで挙げても、これを全部備えることはできない。それよりも、自分の得意部分は何なのか、特長は何かを発見し、それを活かすことが大事である。

一方コンピータンスの方は、コア・コンピータンス（core competence）という言葉として使われる。こちらは個人でなく企業の能力のことで、他社が真似できないコア（中核）となる能力、特に技術力をいう。

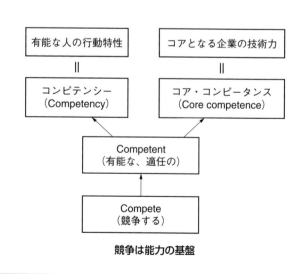

競争は能力の基盤

1）組織の理念、ビジョンを策定し

2）ビジョンを浸透させ

3）リーダーシップを発揮して、人材の個を尊重し、社員の行動を変え、自己組織化できる組織構造と組織文化を構築する

という経営行動に示していく」との仮説を立て、アンケート調査が行われ、必要要件が**表1**のようにまとめられた。

この仮説に見るように、最も基本的キーワードは「ビジョン」と「人」である。この2つについて触れておく。

(1)ビジョンを描く

これからのモノづくりはどうあるべきか。それを考えるとき、当面のコストダウンや品質管理だけでは視野が狭過ぎる。もっと経営全体、顧客、さらには日本や世界の未来を見据えたものでなければならない。そこからあるべきコストや品質はもちろん、あるべき組織の姿、あるべき人材の姿、あるべき生産管理の姿が見えてくる。それをビジョンと呼ぶ。

10年先、20年先のビジョンを描く。組織だけではない。自分個人のビジョンも描く。自分の生き方自体も問うてみる。自分は何をしたいのか、何をしなければならないのか、何ができるのか。

それらの対語は何だろう。目先の業績に窮々と

する姿と言えないだろうか。社長から現場監督者まで、組織の業績であれ、個人の業績であれ、当面の実績をいかに積み上げてアピールするか、それだけに神経をすり減らしていては、組織は疲弊する。

(2)モノづくりは人づくり

モノづくりにおいて基本的にビジョンが大事だとは言っても、それを実現し、実際にモノをつくるのは人である。人の存在を無視した夢は絵空事でしかなく、人の心を無視した仕事はぬくもりのない管理でしかない。

「モノづくりは人づくり」とよく言われる。では、どういう人に育てるか。自分が薫陶を受けた人を思い出そう。今度は自分が鏡になるのである。自分の背中を見習わせるのである。

どう育てるか。あくまでも仕事の現場である。仕事を通じ、育てていく。仕事を離れたところでコミュニケーションを図り、人を育てようとするのは、お手軽な便法である。

澤田　善次郎(技術士・中小企業診断士)
島　　雄(島コンサルティングサービス)

工場長のセルフチェック

1. 強靭な体力づくりに励んでいるか。

2. 反対や挫折があってもくじけず、あるいは方向転換できるストレス耐性が備わっているか。

3. 組織としてのありたい姿をビジョンとして策定し、わかりやすく提示し、周囲に浸透させているか。

4. ビジョンを戦略化し、目標化して、組織の活動方向を1つにまとめているか。

5. 成員と常にコミュニケーションを図り、勇気付け、動機付けをしているか。

6. 日常管理に際しては、三現主義に徹し、意識して管理サイクルを回しているか。

7. 常に生産技術、固有技術の改善、改革に取り組み、組織体質の沈滞化防止に努力しているか。

8. 自分の特長、特性を知り、それを発揮する「オンリーワン」の人間を目指しているか。

2 リーダーシップをどう磨くか

Point 工場長としての仕事を貫くための基本的要件が3つある。決然とした意思決定、方向を示すリーダーシップ、暖かい人材育成である。

経営者としての工場長の重要な役割として、ビジョンの策定とその実現が挙げられる。ここでは、ビジョンの実現に必要な3つの要件、意思決定、リーダーシップ、人材育成について述べる。標題は「リーダーシップ」に代表させているが、この3要件は相互に絡みつつ、相乗的に夢の実現に貢献する。

1 意思決定

(1)意思決定とは

基本的には「限られた資源をどう配分するか」の決定のことである。バブル後の企業経営のあり方として、バブル時代に拡張した業容を「選択と集中」させることが叫ばれているが、本来、経営とは常に資源配分のための選択の連続と言える。

例えば研究テーマ。5つの候補があるとする。その中で最も効果／費用(資源)の期待されるテーマは何か。ほかにも、人事(例えば誰を課長にするか)、考課(誰をAランクとするか)、設備などへの投資(何億円も使うメリットがあるのか)、商品企画(どの企画が当たるか)など、毎日が選択の連続である。

この場合、「等価な複数案からの選択」こそが意思決定の本質であることに注目したい。例えば新商品企画テーマで、テーマAは難度は高いが期待利益は大きい、テーマBは難度は低いが利益は小さい、掛け合わせるとどちらも同じ値になる。そのような場合に、どちらを優先するかの決定が意思決定である。

工場長の仕事に直接関わるものとして、例えば改善案の選択が挙げられる。改善案Aはいわゆる根源対策、Bは当面対策とする。Aをやれば根本原因がなくなるので完璧な再発防止になるが、お金と時間がかかる。Bなら手軽にできるが再発の恐れが残る。どちらを採るか。

意思決定は、どんな場合でも提案と決定という手続きからなる(自分自身が発案することも含む)が、わが国に多い稟議制度は、提案者がすでに選択してしまった案を追認するだけの手続きなので、決定とは言い難い。提案者は、自案をなんとしてでも承認して欲しいから、そのために有利な情報だけを並べることになるからである。また、稟議制度はハンコが並ぶのが特徴だが、これは責任を分散し決断をしやすくしている反面、問題が発生したときの責任をあいまいにすることとなり、本来決定者が持つべきリーダーシップを放棄していることになる。

(2)意思決定の条件

意思決定は客観性に基づいて行うべきであると、どの教科書にも書いてあるが、実際には難しい。第一、100%客観的に決定できるものは、他社でも決定している可能性が高く、競争力を持たない。ほとんどの場合、不透明な未来予測をあえてしなければできないのが決定であり、最後は決定者の主観に委ねられる。「決断」と言われるゆえんである。100点満点を期待するあまり、決断を鈍らせるのは、タイミングを失し、優柔不断のそしりを招く。

もちろん、まったく主観的に行うのも危険である。できるだけデータ、情報(口コミを含む)を調査収集し、多面的に分析し、それに経験を加えて決断するのが正しい。100%主観的に行う決断は独断であって、これも意思決定とは言えない。

表1　リーダーシップのスタイル

人間関係に対する関心	高	思いやり型	思いやり的準理想型	理想型
	中	準思いやり型	中庸型	仕事中心型理想型
	低	消極型	準仕事中心型	仕事中心型
		低	中	高

業績に対する関心

表2　リーダーのいろいろなスタイル

	意思決定	人材育成
猪突猛進型	即決力があり、てきぱきと仕事を運ぶ	ついて来させる
ロマンチスト型	将来のビジョンを大切にする	夢を持たせる
リアリスト型	自分の経験を重視する	現実的で具体的な対応の仕方を教える
学者型	広く情報を分析し、慎重に判断する	静かに説得する
几帳面型	石橋をたたいて渡らない	一挙手一投足を監視し、注意する
ヒューマニスト型	他人の意見を尊重する	人の長所を伸ばす

なお、提案者に「キミはどう思うか」と質問し、「大丈夫だと思います」と言わせて決定するなど、部下や周囲に責任を保証させる決定は言語道断である。そういうリーダーに限って、問題発生時に「キミが大丈夫だと言ったじゃないか」と責任転嫁をする。信頼関係を失うことは必定である。

2 リーダーシップ

(1)リーダーシップとは

社会の動き、顧客の動きをしっかり見据えることによって、これからのあるべきコストや品質、あるべき組織の姿、あるべき生産管理の姿が見えてくる。それをビジョンと呼ぶ。

ビジョンは、絵に描いた餅であってはならない。それを実現しなければ意味がなく、そのためには実現させるための能力が要る。それがリーダーシップである。だから、リーダーシップとは情熱であり、信念であり、責任である。

(2)リーダーシップの型

リーダーシップのあるべき姿と言っても、人によってさまざまである（**表1, 2**）。一律に規定すべきものでもないが、ここでは2つのケースを見てみよう。

①切り込み隊長型

全員の先頭に立って進撃するタイプ。しかし勇ましいだけではない。逃げない。敵の矢面に自ら立ち、リスクを一身に背負う。思わぬアクシデントが起きても、とっさの判断で対応する。いささか事前の深慮や部下とのコミュニケーションに欠ける面があるが、いざという時に他人に責任をかぶせ、逃げてしまうリーダーよりはるかに信頼される。

②オーケストラの指揮者型

うるさい部下たちを手際良く手なずけ、頭を使って組織化していくタイプ。技術的にも尊敬され、管理にも長けているが、時にはワンマン的な一面も出る。しかし、頑固一徹だけで、気に入らないと怒鳴り散らすばかりのリーダーより、はるかに組織づくりがうまく、したがって実績を上げる。

ちなみに「孫子の兵法」には、勇猛果敢ではあるが思慮に欠ける将帥は「殺される」（必死可殺也）、理知的で思慮深いが優柔不断の将帥は「とりこになる」（必生可虜也）、とある。

日本企業のリーダーシップは甘い？

日本の企業には、他国に見られない独特の経営スタイルがある。これを日本的経営と呼ぶ。

日本的経営の基底をなすのは、個人主義に対する集団主義である。すなわち個人の思想、主張、自由、生活、趣味などよりも、所属する集団の和、結束、方針、秩序維持、利益などを優先させる考え方。そこで意思決定、リーダーシップ、人材育成のあり方や進め方にも独特の特徴がある。

ただし、時代とともにいずれも反省が加えられ、変化しつつある。また、せざるを得ない。

意思決定		トップダウンによる方針・決断よりも、根回し、会議、稟議など関係者のコンセンサス（合意）を尊重
リーダーシップ		トップダウンは緩やか、権限委譲・ボトムアップ型が多い
人事処遇	制　度	終身雇用・年功序列・企業内組合、定期採用・異動など
	社内福祉	諸制度、活動（慰労会・運動会など）、福祉施設の整備
	人材育成	社内研修教育・職務ローテーション
仕　事		緩やかな分業、緩やかなマニュアル、あいまいなジョブ・ディスクリプション

日本的経営の特徴

3 人材育成

(1)「人」を大事にする

「モノづくりは人づくり」と言われるように、「人」を大事にする思想なくして、夢の実現もリーダーシップもない。

「人材育成」という言葉に代表させているが、経営学などにおいて人に関する分類項目は、労務、人事、評価、教育、動機付け（モチベーション）、人間関係（ヒューマンリレーションズ）、意思疎通（コミュニケーション）など、多岐にわたる。しかし、中心はいかに組織のメンバーが、組織目的、すなわち長の掲げるビジョン達成に寄与するかにある。

(2)「人」を大事にする経営学の系譜

古くはテーラー（1911）やホーソン（1932）が労働者の行動や心理を分析したのに始まり、ドラッカーの目標管理、マズローの欲望段階説、マグレガーの XY 理論など、1950〜80 年代にかけて、さまざまな動機付けの理論や方法論が唱えられた。

しかしこれらアメリカ系の理論は、結局、いかに企業にとって有利に、効率的に人を動かすかという視点からの考察である。もっと基本的なところで人を大事にする点では、「日本的経営」に及ぶものはない（コラム参照）。日本的経営では、ハウツーでなく、人間としての付き合いを基本とし、お互いに人間性形成の場として影響し合っていく。言い換えれば、仕事の成果を求める目的よりも、人間性を高めることを目的として、鍛え、励まし、慰め、叱るのである。

(3)人づくりの方法

列挙すれば、教育研修（OJT／Off JT）、人事（考課、抜てき）、能力主義・成果主義、フォーマル／インフォーマルなコミュニケーション、インセンティブ、改善活動などこれも多岐にわたる。しかし、先にも述べたようにハウツーの問題よりも、人間としてどう育成するのかという基本的な心構えが大切である。

例えば改善活動では自主的に参加し、自ら難問にチャレンジし、頭をひねり、成果を上げ、賞賛されるという体験をすることによって、仕事の中にやりがいを見つけようとする。

どういう人に育てるかは、人によりさまざまであろうが、自分が薫陶を受けた人を見習うのが最も手近ではないか。今度は自分が鏡になるのである。自分の背中を見習わせるのである。仕事のやり方、仕事に向き合う姿勢、人との付き合い方など、教えることは数多い。

島　雄（島コンサルティングサービス）

工場長のセルフチェック

1. 意思決定にあたっては、できるだけ客観的な分析や意見聴取をしつつも、最後は自分自身の意思で決断しているか。

2. 客観的分析にこだわるあまり、優柔不断になったり、タイミングを失したりしていないか。

3. 部下や周囲に責任を保証させたり、責任を負わせたりするような意思決定をしていないか。

4. 自分のビジョンを実現するために強いリーダーシップを発揮しているか。

5. 自分らしいリーダーシップを持っているか。

6. 人を育てるにあたっては、人間性を高めることを目的として、鍛え、励まし、慰め、叱っているか。

7. 甘やかしたり、厳しい躾を遠慮したりしていないか。

8. 自らの背中を見習わせるよう、自分自身、心身を磨いているか。

3 企業の社会的責任を探る

Point　工場長は、工場経営者として企業の社会的責任を担う立場にある。そのために、どういう視点から考えていったらよいだろうか。

1 企業の社会的責任とは

　企業の社会的責任（CSR：Corporate Social Responsibility）とは、企業が経済的・環境的・社会的な各側面に配慮して事業活動を行い、さまざまな利害関係者との間で、企業が一市民（企業市民）として良い信頼関係を築き、社会および企業の持続可能な発展を追求することである。

　企業活動は、市民に比較してはるかに大きな影響を社会に与える。企業自らが、守りから攻めへ積極的行動を起こし、持続可能な社会の創造に貢献していくという意味でCSRが注目され、期待されているのである。具体的には、企業経営に社会的公正や環境配慮などを組み込み、説明責任を果たし、企業市民としての誠実さを持って、各利害関係者との間でコミュニケーションを図り、協働（コラボレーション）していくことが望まれる。工場管理者は、これをどう受け止めればよいか。

2 なぜ、CSRなのか

(1)企業の社会的影響力の増大

　企業の社会に占める比重が、従来とは比較にならないほど増大している。本来、企業は社会において経済機能を果たすサブシステムとして生まれたものであるが、多国籍化や多様化による経済規模の拡大のため、小国家をしのぐ企業も出ている。国内的にも活発な事業活動により、間接的に政治や文化に影響を与えている側面がある。

(2)市民意識の変化

　一般市民が考える「良い企業」というものの感覚が変わってきた。以前は業績を上げ、成長して

いる企業は問題なく良い企業であった。今、良い企業とは社会に信頼され、尊敬される企業に変わってきている。地域住民、消費者、顧客はもとより、一般市民の「知る権利」の主張が顕著になっている。また、企業が政策決定をするためには、社会的合意形成が不可欠な場面も増えている。

(3)企業評価のトリプル・ボトムライン化

　従来は、企業の評価は財務的視点に立つものであったが、現在はトリプル・ボトムライン化と言われる、「環境」「社会」「企業統治」という3つの視点で評価が行われるようになった。

(4)有名企業の反社会的行為

　データ偽装や改ざんによる品質不正問題をはじめ各種不祥事など、社会的影響の甚大な企業トラブルが続発している。そのほとんどは基本的なルール違反によるものであるが、根底にはCSR意識の欠如として世の中では認識されている。

3 社会的責任の拡大

　従来も企業は社会的責任を負っていたが、利害関係者との関係強化により、その責任は拡大している。かつては、ひたすら優良工場を目指して利益向上に励んでいればよかったが、今やそれだけでは、企業としても工場としても、持続的成長はおぼつかない。それは、社会の発展とともになされることを工場長は自覚して欲しい（**図1**）。

4 工場長の役割

　製造業においては、工場が企業活動の中核をなすことは言うまでもない。株主など直接関係を持

図1 社会的責任の拡大

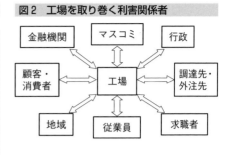

● 法令、社会的規範の順守
● 有用な製品・サービスの提供
● 収益の獲得と納税
● 株主利益の保護

ほか

拡
大

● 積極的な情報開示と双方向コミュニケーション
● 環境への配慮
● 誠実な顧客対応
● 社員のキャリアアップ支援、家庭との両立への配慮
● 社会活動への関与

ほか

（日本総研 HP より）

図2 工場を取り巻く利害関係者

金融機関　マスコミ　行政
顧客・消費者　工場　調達先・外注先
地域　従業員　求職者

図3 工場診断項目の変化

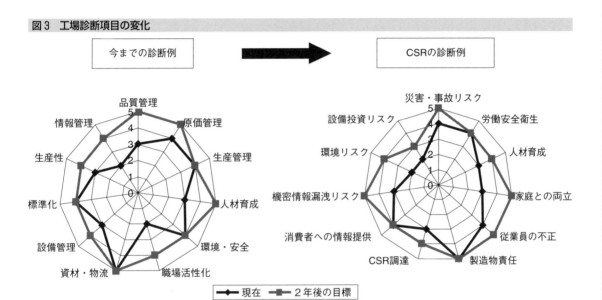

今までの診断例　→　CSRの診断例

品質管理　原価管理　生産管理　人材育成　環境・安全　職場活性化　資材・物流　設備管理　標準化　生産性　情報管理

災害・事故リスク　労働安全衛生　人材育成　家庭との両立　従業員の不正　製造物責任　CSR調達　消費者への情報提供　機密情報漏洩リスク　環境リスク　設備投資リスク

◆ 現在　■ 2年後の目標

たない相手もあるが、事業活動を進める中で各利害関係者との関わりを強化しなければならない。

従来も図2に示す利害関係者は存在していたが、利益向上が目的の場合と、社会的責任強化が目的の場合では、関係強化のスタンスがまったく異なる。利害関係者の理解を深めるためには、情報公開の面でも不利益情報を含めて積極的でなければならない。

5 リスクマネジメント

CSR を果たさなかった場合、工場には利害関係者に対して「負」の問題を発生させてしまう。この種のリスクを回避するために、事前に対処して、リスクを最小にする行動がリスクマネジメントである。そのためには、経済、環境、社会の各側面でリスクの回避・低減の対策を、企業として実施する必要がある。すなわち、違法行為や反社会活動など経営倫理面でのリスクや、環境負荷などの環境リスクを削減・回避するために、経営戦略を

立て、仕組みをつくり、運用し、さらに将来直面する可能性のあるリスクの回避・低減を行う、リスクに関するマネジメントが不可欠である。

「工場は本社と違ってマスコミの批判の矢面に立たされることは少ない」と思う向きがあるかもしれない。しかし、多数の従業員と多額の設備を抱えて危険物、高圧ガスを取り扱いつつ、消費者への供給責任を果たす工場は常時、企業リスクに直面しており、近年の環境変化によりリスクマネジメントの必要性が一層高まってきた。

(1)リスクを冒さなければ、高い利益を確保することが困難になった。

(2)情報化の進展がリスク情報を伝えやすくし、対処の仕方によっては経営全体にダメージを及ぼすほどの影響を与えるようになった。

(3)国際化の進展が企業リスクを増加させる。つまり、経営の透明性や組織の社会的責任が厳しく追及される背景となっている。

(4)経営の環境変化が激しく速いため、それに対応するためのスピードと戦略性を持った経営

ひとくち メモ

さまざまなリスクの存在

工場経営にはさまざまなリスクがつきまとう。「何が起き得るか」を常日頃から、事前に認識し評価しておくことが CSR の視点から欠かせない。リスク意識に欠ける工場は事が起きた場合、取引先をはじめ、周囲の利害関係者を巻き込む。平時におけるリスクへの備えは工場の消長を握るカギと言える。

自工場が各診断項目において、望ましい社会水準から見てどういうレベルにあるかを1つひとつ評価してみると、強み、弱みが具体的になり、工場経営の戦略策定に役立つであろう。評価は自己評価でもよいが、データの客観性を考えると第三者の評価が望まれる。

ここには「工場のリスク診断項目」を挙げた。工場を含む企業全体としては経営戦略・組織体制、コンプライアンス、社会貢献、従業員対応、消費者・取引先対応などが CSR の重要なチェックポイントとして挙げられる。

1	災害・事故リスク	工場災害、自然災害、交通事故
2	労務リスク	従業員の不正、人材育成、家庭との両立対応、労働安全衛生に関するリスク
3	社会リスク	CSR調達、製造物責任、消費者への情報提供
4	情報とITリスク	情報開示、機密漏洩リスク、個人情報漏洩リスク
5	環境リスク	産業廃棄物、化学物質、土壌汚染
6	財務リスク	資金繰り、設備投資リスク、税務リスク

(注) CSR調達：CSRの視点から一定の調達基準を定めて調達先の選択を行うこと

工場のリスク診断項目例

が要求され、リスクが大きく、多様になった。

(5)部門ごとのしかも担当者・管理者レベルの対応では処理困難になったため、工場長が自らリーダーシップをとることが必要になった。

「リスクマネジメントは経営トップの仕事」であるが、いくらトップが笛を吹いても、現場をよく知る担当者がリスクに対する認識がなく、知識もないとうまくいかない。マイナス情報がただちに伝わるような風通しの良い職場づくりや、リスクを察知する高感度の感覚、また、危機が迫った際には素早く適切に対応できる身のこなしを現場の担当者に求める。さらに、万が一トラブルが起こった場合には即座に対処し、そして正しく上司に報告させることも重要である。

CSRの視点からの工場診断例を、従来の診断例と対比して示す(**図3**)。

6 工場の持続的な成長に向けて

環境や社会が向上するために企業が果たす役割として、CSR活動が熱心に取り組まれてきた。その潮流に新たな方向性が加わった。2015年に国連総会で採択されたSDGs(持続可能な開発目標)である。「今の課題は何か」を議論し、その課題解決を2030年までの世界目標として定めたものだ。これが企業活動の道標となっている。

SDGsは全世界が達成を目指す壮大な目標であるが、一企業として参考にすることで「持続可能な会社」になるヒントを得られる。製造業ひいては工場の競争力の源泉である"人財"にもSDGsが貢献する。

法的拘束力はなく義務でもないため、達成できずとも罰則などのペナルティーはない。しかし、投資家はSDGsへの対応を評価して投資判断を行い、財務面で少なからぬ影響が及ぶ。また、若年世代は就職先を選択する条件の1つとして、SDGsへの対応を重視するようになりつつある。

課題を特定した上でSDGsに即し、「自分ごと化」していくことで持続可能な工場へと発展できる。PDCAサイクルに組み込み、SDGs活動を機能させる仕組みの構築を急ぐべきである。

澤田　弘道(ベルヒュード国際経営研究所)

工場長のセルフチェック

1. 地域社会・一般社会に対する貢献活動が計画的に行われており、客観的評価が高いか。(社会)

2. 内部告発を受けつける窓口が設置されているか。(社会)

3. 顧客が満足するものを、顧客の声を待たずに自社の力でつくり込んで提案しているか。(社会)

4. トップの安全衛生方針が明確であり、それに沿って計画、実施、チェックがなされ、継続的改善へとつながっているか。(社会)

5. 設備投資がタイムリーに決断され、計画通りに稼働して資金の回収も順調か。(企業統治)

6. 設定された資金計画と実績との対比に基づき、キャッシュフローが改善されているか。(企業統治)

7. 工場火災に対して、防災体制だけでなく影響を最小限にとどめる危機管理体制が構築されているか。(環境)

8. 温室効果ガス排出削減の目標を達成するための仕組み、体制があり、管理強化や操業改善の目標が達成されているか。(環境)

4 ビジョンの実現は経営戦略の策定から

Point 彼を知り、己を知らば、百戦危うからず（孫子）。戦略なき戦いは、玉砕あるのみ。戦略と戦術との違いも知っておこう。

　自分の組織をどういう組織にしたいのか。その哲学なり、ビジョンなりを実現させるための構想づくりは、身の引き締まる責任感とあいまって、ぞくぞくするような楽しい仕事である。

1 戦略（Strategy）と戦術（Tactics）

　言うまでもなく、ともに本来は戦争用語である。「戦術」は個々の戦い方、戦闘の仕方、交戦法であり、「戦略」は戦争で勝つための大局的、長期的な計画、すなわち最適な戦術の選択、組合せである。戦争用語であるから、統帥のあり方、兵隊や物資の管理など、企業経営に共通する内容も多いが、奇襲とか防勢など戦争特有の概念も含まれている。

　戦略と戦術の区別にはあいまいな点もある。特に旧日本陸軍にはその傾向が強く、そのために戦略不在が起き、それが敗因になったとする説もある。

2 企業、工場における戦略の意味

　経営とは結局「選択と、そのための決断」であると言える。

　選択と決断とは、例えば研究テーマを選択したり、設備投資を決断したり、商品企画を選択することであるが、いずれも不確かな未来を予測するという作業が絡んでくる。そこに当然リスクが発生するが、戦略はその選択のリスクを最小限にし、最大の成果を上げるための手段である。

　中でも、「資源配分」に関する選択と決断の現れが戦略と言える。

　工場長の場合、戦略立案に際しては次の2つを念頭に置くべきである。
　(1)社長方針を具現化し、組織に貢献すること
　(2)現場で頑張っている人々の努力を無にしないこと
　戦略のない選択と決断は、次のような経営形態を生む。
　(1)ワンマン経営：理屈抜きに、とにかく社長の言いなりに動く経営。独裁の恐ろしさは、ヒットラーやスターリンを持ち出すまでもない。
　(2)ヤマカン経営：現状分析（彼我の戦力の分析、社会・消費者動向の見通しなど）を経ずに、体験と第六感だけで決断する経営。体験と第六感は、決断に際して無視はできないが、それだけでは敗戦は濃厚である。
　(3)成り行き管理：その日暮らしの経営。
　いずれの場合も、スポーツで言えば最下位、戦争で言えば玉砕の悲劇につながる。

3 戦略の位置付け

　戦略立案から実行に至る一連の流れを考えると、次のようになる。
　ロマン（理念）→ビジョン→構想→方針→戦略→計画（中期）→計画（短期）→計画（課、個人）→実施→結果（成果）→評価→修正→継続
　それぞれの段階について、以下に説明を加える。ただし、ロマン〜構想は、筆者の私見として便宜的に分類しただけで、特に定義があるわけではない。
　また、ここで言う「構想」の段階を「戦略」段階と見ることもできる。

図1 戦略・計画の例

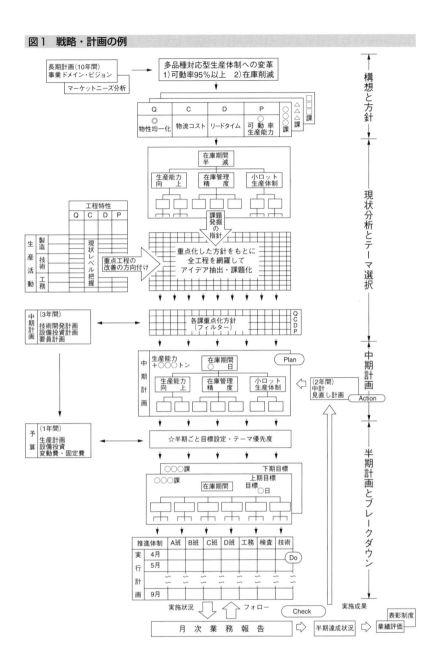

構想と方針

現状分析とテーマ選択

中期計画

半期計画とブレークダウン

ロマン　例えばナイロンの発明者カローザスは、世界中の女性の脚をナイロンで包むことを夢見たとのことである。IT事業なら、耳に挿し込むだけで音質抜群の音楽が聴け、悩める人の心を癒す。自動車なら公害ゼロ・脱石油資源車が世界を駆ける。そういう夢のことだ。バイオ、ナノテクノロジーの世界ではもっと夢が膨らむ。

理念　ロマンよりはやや現実的な、スローガン、経営哲学と呼ばれるもの。

一例として、花王の企業理念を挙げておこう（同社ホームページによる）。

"使命"：私たちは何のために存在しているのか

"ビジョン"：私たちはどこに行こうとしているのか

"基本となる価値観"：私たちは何を大切に考えるのか

"行動原則"：私たちはどのように行動するのか

ビジョン　さらに具体的なイメージ。どんな組織にしたいのか、どんな工場にしたいのか。経営全体、顧客、さらには日本全体や世界の未来までを見据えたとき、そこにこれからのコストや品質のあり方、あるべき組織の姿、あるべき人材の姿、あるべき生産管理の姿も見えてくるはずである。それがビジョンである。

構想　ビジョンを実現するための方策の、大まかなスケッチ。絵で言えば構図を決め、鉛筆で描いてみる段階。

ロマン～構想については、自らの考えを表明して理解を求め、また組織内に浸透させることによって、方向を一本化させる。

方針　行き先（目標）の明示である。船長がどこへ船を進めるか決め、全乗組員に指示するのと同じである。行き先は具体的で、メンバーにわかりやすく、端的でなければならない。また飛躍的な、チャレンジに値する、希望の持てるものでなくてはならない。

ひとくちメモ

最初にビジョンあれ

　ある角度から経営をひと言で言えば、「ロマン」あるいは「ビジョン」実現のプロセスと言えるだろう。ロマンのない経営は、当面の利益だけに追われる経営であり、昨今、そのような企業は、反社会的、反道義的としてさまざまな非難を浴びている。かつては「企業は慈善団体ではない」と豪語して、利益追求を正当化した経営態度もまかり通ったが、現在はそうはいかない。むろん利益あっての企業であり、ロマンがありさえすればいいわけではない。カギは、そのロマンをどう実現し、どう利益化するかだろう。そこに戦略の重要性がある。

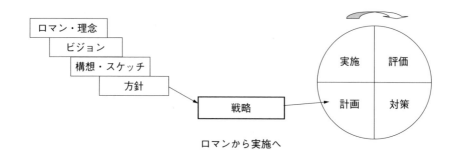

ロマンから実施へ

戦略 いよいよ、ビジョンなり方針なりを具体化するための段階である。工場の場合は、やはり生産部門の変革戦略が中心になろう。研究・技術部門を含む場合は、技術戦略（市場の選択と開発テーマの選択）も必要になる。顧客との結びつきを意識するために、市場戦略も絡んでくる。

戦略策定には、2つの作業段階がある。第1に現状分析であり、第2に選択である。

現状分析は、自分の組織の長所・欠点をデータとして把握し、次の選択につなげる仕事である。孫子の兵法に曰く、「彼を知り、己を知らば、百戦殆（あや）うからず」（知彼知己、百戦不殆）。

次に選択とは、具体的目標の選択や資源の配分（投資、人的資源の重点配分など）、手段（技法など）の選択、大まかなスケジューリングなどのことである。

計画 戦略に基づき、具体的な計画を作成する。一般に次のように分けられる。

長期：5〜10年。変化の激しい時代には長過ぎ、また抽象的にならざるを得ない。つまりロマン、ビジョンの範囲と言える。

中期：2〜4年。基礎構築→実施→成果（→次へ継続）にちょうどよい期間である。

短期：1/2〜1年。具体的な展開、実施をするためのもので、年間（半期）予算と連動する。

ブレークダウン（分解） 中期計画を短期目標の実行計画にする段階。できるだけ細かく、大目標（工場）→中目標（部→課→係）→小目標（班）→個人目標までブレークダウンするのが望ましい。

これ以降は日常業務に近いPDCAとなる。

図1に、こうした計画の流れを実際に組み立てた例を示す。すなわち、工場ビジョンから生産現場の班単位、3年計画から毎月の予定まで細分化している。

この例では、長期計画とマーケットニーズ分析に基づき、工場全体の生産形態を、量産体制・量産意識から、多品種生産型に転換しようという構想を立て、これに基づいて各課それぞれの特色から課方針を立て、さらにこれをブレークダウンして、実行計画にまで結びつけている。

いずれにせよ、重要なのは工場長自らがビジョンに基づく目標を設定し、内外に宣言することによって、組織をひとまとめにすることである。下からの積み上げ、管理スタッフ言いなりの計画ではあまりにも寂しい。

島　雄（島コンサルティングサービス）

工場長のセルフチェック

1. 自分の率いる組織をどういう組織にしたいのかというビジョンを描いているか。

2. 一定の期間にビジョンを実現化するための方向付け（方針）を明確に示しているか。

3. 方針実現のために、現状（自分の組織の実力など）を数字として把握し、長所・短所を分析しているか。

4. 方針実現のために、より具体的な目標、資源（投資、人など）の配分、手段（技法など）の選択、大まかなスケジューリングなどを決めているか。

5. 3と4とを総合した、戦略はできているか。

6. 戦略を組織内外に示し、理解を得る努力をしているか。

7. 戦略を、長・中・短期計画に落とし込み、組織内に徹底しているか。

8. 計画実現のためのPDCAサイクルをきちんと回しているか。

5 現場の努力を実らせる 利益・予算管理

> ## Point
> 損益分岐点図表により利益と原価の内容を分析し、限界利益、変動費、固定費のそれぞれの対応策を決め、改善する。

事業活動が複雑化し、企業間競争が激しくなる中で、迅速かつ的確な意思決定を可能にする組織構造が求められている。分社化、社内カンパニー制、アメーバ経営（京セラ）など、各事業部門あるいは工場ごとに独立採算制を導入する企業も増加してきており、工場としての利益・予算管理の独立性、重要性が増大してきている。

1 経営における利益計画へ工場の意見を反映させること

図1に、総合的な企業経営の体系を示す。まず、経営トップは企業ビジョン、経営方針を設定する。この内容は企業の利益に関することが主であるが、同時に製品品質や環境、安全に対して基本的な考え方を示すことが必要である。これに基づいて長期（5〜10年）、中期（2〜4年）、短期（1/2〜1年）の利益計画が作成される。通常、具体的な利益予算は短期計画で決定されるが、新製品開発、設備投資計画などの投資予算は長・中期計画で決定される。

経営トップは各部門の意見を聞いて、計画の細分化を行い、これを集約して予算編成を行う。予算編成にはトップダウン型、ボトムアップ型、折衷型があるが、一般的には方針をトップが示し、原案の作成をボトムアップで行う折衷型が多い。この過程で、工場長は製造部門の実態、能力、努力目標などを総合して、予算に反映されるよう具申する責任がある。

短期計画の月次予算に基づいて日々の予算、実績が管理され、実績が集約される。実績をなるべく早く把握し、計画と比較し、対策を打つことが重要である。

2 利益に直結する管理体制をつくり上げること

決定された予算を実現するために、工場長は日常の管理を確実に実施することが大切である。

(1)製品に対する自覚を高めること

顧客が何を求めているかについて極力顧客から直接、機能面だけではなく、サービス面も含めてつかみ、工場としてフォローすることが大切である。特に、納入品について保守業務が必要なものについては、フォローを完璧に実施する。これにより定期的な繰り返し販売の実現、継続的な利益確保が可能となる。

(2)各職場ごとの目標、計画を明確にすること

利益に直結する各職場別の目標を明確にし、実現する職場の体制をつくり上げていくことが大切である。職場のリーダーは短期計画のみでなく、長・中期の職場ビジョン方針を自らつくり上げていくことが重要である。

(3)コミュニケーションの向上と組織づくり

明確な責任分担と権限委譲が基本である。変化の激しい状況の中で、実施状況の確認と必要な修正を行う。

3 損益分岐点図表を活用し、利益の内容を把握すること

図2は、通常使用される損益分岐点図表である。図に示す損益分岐点（BEP：Break Even Point）では、費用の額と収益の額が等しくなる操業度（売上

図1 企業経営における利益計画の位置付け

```
┌─────────────────┐
│   企業経営        │
└─────────────────┘
         │
┌─────────────────┐     ┌──────────────────────┐
│  企業ビジョン     │◄───►│ 利益、製品品質，環境、  │
│  経営方針         │     │ 安全などに対する方針    │
└─────────────────┘     └──────────────────────┘
         │
┌─────────────────┐     ┌──────────────────────┐
│ 長期・中期・短期計画│◄───►│ ・利益計画・予算       │
│ ・売上げ          │     │ ・販売計画・予算       │
│ ・利益            │     │ ・投資計画・予算       │
│ ・キャッシュフロー  │     └──────────────────────┘
└─────────────────┘
         │
┌─────────────────┐     ┌──────────────────────┐
│  コスト（原価）   │◄───►│ ・製品原価            │
└─────────────────┘     │ ・ライフサイクル・コスト │
                         └──────────────────────┘
```

図2 損益分岐点図表

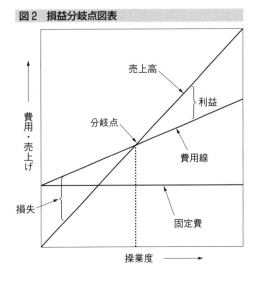

図3 損益分岐点図表（限界利益使用）

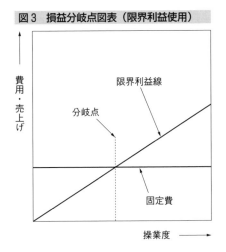

図4 損益分岐点比率の一例

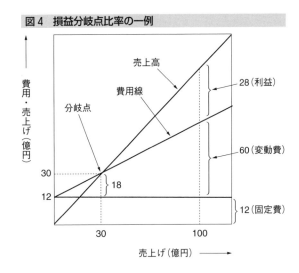

高）であり、これより高い操業度では利益が発生し、低い操業度では損失が発生する。この図を活用して目標利益を計画し、その実現に必要な売上高と費用を計画し、統制することができる。図2において、

　　　売上高＝費用＋利益
　　　費用＝変動費＋固定費
　　　変動費＝変動費率×売上高

の関係があり、損益分岐点においては、売上高＝費用であり、

　　　分岐点売上高＝固定費／（1－変動費率）

となる。なお、一般的に共通費は固定費として取り扱われる。

　損益分岐点図表の使い方は以下の通りであるが、この表を活用して、いかに利益増大につなげていくかを検討することが肝心である。

(1)現在の利益の状況を把握する。特に多品種少量生産の場合には、固定費の配賦が不明確な場合が多く、限界利益線図の使用が便利である。

(2)変動費、固定費の変化に対応して、利益がどのように変化するかを見る。また、どちらの

ウエイトが利益に対して大きく影響するかを見る。

(3)重点的に改善する項目を判断する。

　これらのことは、計画している新規開発製品に対しても適用できる。

　図3に、限界利益を利用して損益分岐点を求める方法を示す。製品品種が多い場合には、同図を利用して、品種ごとの限界利益を限界利益率の高い順（あるいは、売上げに対する寄与率の高い順）に積算し、損益分岐点を求めることができる。なお、限界利益は次式により定義される。

　　　限界利益＝売上高－変動費

　損益分岐点比率は次に示す(1)項で定義されるが、現在の売上げがどの程度低下すれば利益がなくなるかを示す指標である。特に最近のように、顧客の要求が変化する時代では、売上げがある程度低下しても利益が確保できることが必要である。一般的には、損益分岐点比率が70％以下であることが望ましいと言われている。図4に損益分岐点比率が30％である例を示すが、この例では、現状の利益率が28％であり、きわめて高い利益率が確保されている。

ひとくちメモ

利益管理かキャッシュフロー管理か

　キャッシュフローは「利益」と対比して述べられるが、論点は次のようなものである。

　第1は、キャッシュフローこそ経営の真実の姿を表すというものである。経理の世界には、「会計は意見を表し、現金は真実を表す」という格言がある。第2は、キャッシュこそが企業経営の源泉だという考えである。すなわち、企業はいくら赤字を出しても、資金が続くかぎりつぶれないが、逆に成長企業であっても、資金繰りに失敗すれば倒産する。

　キャッシュフローは企業活動によって次の3つに分類されている。

①営業活動によるキャッシュフロー：企業が外部からの資金調達に頼ることなく、どのくらいの資金を営業活動により獲得したかを示す。

②投資活動によるキャッシュフロー：将来の利益獲得、資金運用のためにどれだけの資金を支出し、または回収したかを示す。

③財務活動によるキャッシュフロー：営業活動と投資活動を維持するために、どのくらいの資金が調達・返済されたかを示す。

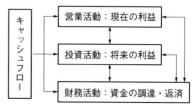

企業活動によるキャッシュフローの分類

次に、損益分岐点比率の定義とその利用方法を示す。

(1)損益分岐点比率＝損益分岐点/売上高×100%で定義される

(2)損益分岐点比率を抑えるよう厳しく管理し、少しでも上がったらその原因を究明するのが、工場長および工場管理者の責任である。

(3)部品在庫が余分に増えたとか、製造面で大きなミスがあると、損益分岐点比率が上がる。

自部門の利益状況について、図4を利用して分析することにより、管理のポイントを知ることができる。最近の傾向としては、固定費中の間接費の比率が高くなってきており、利益向上のためには固定費を削減し、損益分岐点を下げることも有効である。

4 利益管理と同時にキャッシュフロー管理を行うこと

利益は上記の通り、利益＝売上高－費用（総費用）で表されるが、利益管理そのものは、現金の動きを管理するものではない。そのため、現金の流れ（出し入れ）を意味するキャッシュフローの管理を同時に行う必要がある。

売上高は販売契約が決まり、請求書が出された時に計上される。また、費用の中で、原料などの仕入れは購入契約が決まり、請求書を受け取った時点で発生する。設備投資については、設備が稼働して後に減価償却費として、法定の償却率に基づいて計上される。

キャッシュフローの管理は資金繰りの管理であり、企業の倒産を防ぐために必要である。すなわち、売上げの入金と仕入れ出金とのサイト差、原料、仕掛品、製品などの在庫用の資金、設備投資資金などの現金の管理である。

キャッシュフロー管理の中で、設備などの有形固定資産、知的資産の管理は、将来にわたって企業の価値を決める重要な管理項目である。それぞれの事業の価値は、次式に定義する、将来生むフリーキャッシュフローを資本コストで割り引いた現在価値の累計として計算される。企業価値は個々の事業価値の合計に資産価値を加えて求められる。

（フリーキャッシュフロー）
＝（キャッシュフロー）
－（投資額と運転資本需要の合計）
（キャッシュフロー）
＝（税引き後利益）＋（原価償却費）

新規投資の評価にもこの考え方が適用され、将来にわたり、資本コストで割り引いたフリーキャッシュフローの現在価値の累積を求め、価値の高い計画に対し、優先して投資する。

大石　哲夫（大石コンサルタント）

工場長のセルフチェック

1. トップから示された長・中期計画の企業ビジョン、経営方針を理解しているか。

2. 工場としての長・中期計画、短期計画に対する実績の差異分析ができているか。

3. 利益に直結する職場の目標管理体制ができているか。

4. 主要製品について、売上げ、限界利益、変動費、固定費の分析ができているか。

5. 主要製品・原料について、損益分岐点図表による分析を行い、管理のポイントを把握しているか。

6. 利益と同時にキャッシュフロー管理を行っているか。

7. 企業価値向上の面から投資の評価が行われているか。

8. 知的財産を含め、資産の定期的な評価、再評価が行われているか。

6 許容原価志向による原価管理

Point 新製品開発の企画段階から、ライフサイクル・コストと許容原価の考えに立ち、抜本的な原価低減を図ることが必要である。

変化の激しい現在の企業環境を生き抜いていくために、各企業は製品コスト削減に、全社を挙げて取り組んでいる。さらに最近では、コスト革新を狙った新製品の開発と企業化が企業存続のために欠くことのできないものとなってきており、従来のコスト削減の延長線上ではない発想と実践方法の適用が求められている。

1 許容原価志向で利益を確保する

今後、さらなるグローバル化の進展に伴い、価格に対する顧客の認識が厳しくなる中で、原価に対する従来の考え方では利益確保がおぼつかなくなり、発想の転換が必要である。発想の転換とは、これまでの"コストを下げる"という発想から、"目標コストを開発する"という「コスト開発」への発想転換である。

コスト開発の考え方は、「トップによって示された『あるべきコスト』を実現するための組織的な企業活動」である。組織的とは、企画・設計段階から生産、販売、廃棄に至るまでの一連の、またこれに付帯するすべての企業活動を含むことを意味する。また、成り行き的に発生したコストを後から低減する「コストダウン」ではなく、意図的に目標コスト設定することである。

従来の 売り値＝原価＋利益 から 許容原価＝売り値－目標利益 の考え方に転換し、利益確保を図ることが大切である。すなわち、各部品のコストの積み上げにより販売価格を決めるのではなく、顧客の要望や条件から、販売価格、目標利益を設定し、製品の総許容原価を決定することである。さらに、これを材料費、労務費、外注加工費、間接費などに分解して各部門に割りつけ、その実現を図る。

図1に示す通り、今後の新製品開発プロジェクトにおけるコスト管理の骨子は、許容原価とライフサイクル・コストを基本に考え、コスト開発の考え方を製品開発、企画の段階で導入し、目標原価を達成することである。

コスト開発を実現するためのポイントは、次の各点にある。

(1)コスト発生のメカニズムを徹底的に把握する。

(2)コスト開発を実現するための技術開発が必要である。この技術開発はすべて自社で行う必要はなく、アウトソーシングなどにより実施される場合もある。

(3)開発の源流段階からのコスト検討を行う。下流から上流を見てコスト削減を考える取組みである。このためにはITを活用し、シミュレーションを行うことが有効である。

コスト開発活動は、従来の地道な活動を無視するのではなく、従来の活動の上に立って、新たな取組みをすることが重要である。なお、従来からも職場改善活動・小集団活動の欠点や限界を乗り越えようとする試みがなされている。例えば「TPマネジメント」という思想・活動が1985年に生まれ、展開されているが、そこでは目標明示などトップダウンが重視され、また、部門間にまたがる活動も推進されており、「コスト開発」の考え方にかなり近い取組みがなされている。

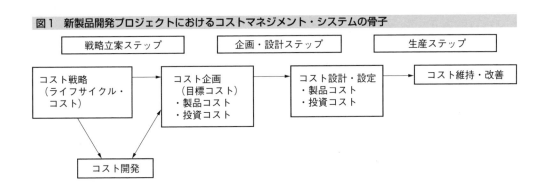

図1　新製品開発プロジェクトにおけるコストマネジメント・システムの骨子

| 戦略立案ステップ | 企画・設計ステップ | 生産ステップ |

コスト戦略
（ライフサイクル・コスト）
→
コスト企画
（目標コスト）
・製品コスト
・投資コスト
→
コスト設計・設定
・製品コスト
・投資コスト
→
コスト維持・改善

コスト開発

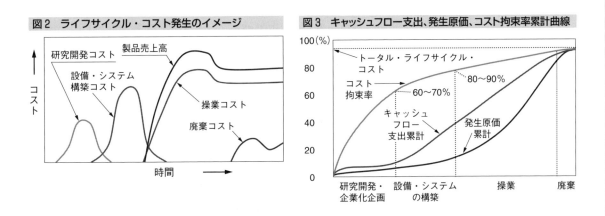

図2　ライフサイクル・コスト発生のイメージ

研究開発コスト
設備・システム構築コスト
製品売上高
操業コスト
廃棄コスト
コスト
時間

図3　キャッシュフロー支出、発生原価、コスト拘束率累計曲線

トータル・ライフサイクル・コスト
コスト拘束率
80〜90%
60〜70%
キャッシュフロー支出累計
発生原価累計
研究開発・企業化企画
設備・システムの構築
操業
廃棄

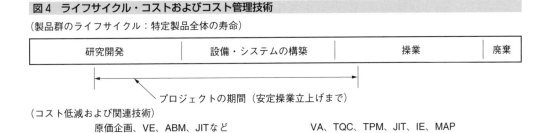

図4　ライフサイクル・コストおよびコスト管理技術

（製品群のライフサイクル：特定製品全体の寿命）

| 研究開発 | 設備・システムの構築 | 操業 | 廃棄 |

プロジェクトの期間（安定操業立上げまで）

（コスト低減および関連技術）

原価企画、VE、ABM、JITなど　　　　　　VA、TQC、TPM、JIT、IE、MAP

2 ライフサイクル・コストの考え方でコスト(原価)を捉える

図2に、ライフサイクル・コスト発生のイメージを示すが、ライフサイクルは誕生から消滅までの一連のプロセスを指して用いられる概念であり、「研究開発」「設備・システムの構築」「操業」「廃棄」の4段階に分けられる。コストの大幅な削減を狙う場合には、これらの各段階で発生するコストの削減を、事業化企画段階で考える必要がある。

図3に、ライフサイクル・コスト発生の累計を示す。図中のキャッシュフロー支出累計は現金の支出累計を示すものであり、ライフサイクル・コスト分析のベースとなるコストである。発生原価累計は会計上組み入れられる原価の累計を意味する。また、コスト拘束率はその時点までに決定されるライフサイクル・コスト全体に対する割合である。

図2,3において、研究開発・企業化企画段階で発生する費用は、研究開発費と調査・企画費用である。設備・システムの構築の費用は、固定資産に対する投資が主であるが、これらの資産関係費は操業を開始して後の減価償却費として、製品の原価に計上される。

操業時の費用は、ライフサイクル・コストの中で最もウエイトが高く、その製品の原価として計上される。最後に、事業完了に伴う製品や設備などの廃棄費用が発生する。近年は製品寿命の短命化に伴って、廃棄費用が増加している。

図4に示す通り、通常、新製品開発プロジェクトは応用開発研究の段階から、設備・システムの構築、試運転完了までの期間で設定される。そして図3に示す通り、研究開発・企業化企画の段階で製品のライフサイクル・コストの60〜70%が決定される。したがってこの段階で、どの工場で、いかに製造するかの条件を、工場の立場で検討し、研究・企画に対して助言することの効果がきわめて大きい。また、生産技術に関する研究テーマを、工場として研究部門に提案することも必要である。このために、従来は主として建設時や創業時に使用されているコスト低減のためのVE、JIT、TQCなどの技法・手法を、極力ライフサイクルの上流側で適用することが必要となってきている。

ひとくちメモ

ライフサイクル(Life Cycle)

ライフサイクルを考えるとき、その対象に何をとるかによって、次の3つの考え方がある。

①個々の製品について、その製品が生産され、使用されてから、廃棄あるいはリサイクルされるまでの寿命をとる。特に最近は、その製品のライフサイクル全体の、環境に与える負荷を最小にする考慮が必要である。環境負荷の少ない商品にはエコマークが認定されている。また製品コストに、廃棄、リサイクルコストを含める必要がある。

環境負荷の少ない商品に認定されているエコマーク (日本)

②企業として計画する事業そのもの、あるいはある特定の製品群、例えば「カローラ」という車種が生まれてから廃止されるまでの寿命をとる。本文で使用したライフサイクル・コストはこの考え方をベースとしており、少なくとも10年以上を予測する。

③製造設備について、耐久性の限界が訪れ、あるいは近代化や技術革新が進んで陳腐化し、廃棄されるまでの寿命をとる。どのような設備を選択するか、修理か更新かを判断する場合に、設備のライフサイクル・コストが使用される。

3 設備、システムに対する関心を高める

生産形態が多品種少量生産となり、製品寿命が設備寿命（償却年限）より大幅に短くなる場合には、償却前の設備除却による費用の発生が、結果的に企業として大きな負担となる。

工場として長期的視野に立ち、キャッシュフローの考え方に基づいた設備投資よるメリット、設備除却の損失の評価、および設備の再利用や転用の検討を行う必要がある。

不良資産の発生、除却による損失を防止することは工場長の役割である。特に多品種生産対応の多目的設備、品種切替え設備の検討には、開発企画の段階から工場の経験、知恵を組み入れることが有効である。

4 専門家であるスタッフとの連携を強める

従来、日本では1つの職場内で小集団活動による改善活動が積極的に行われ、その効果を生んできた。最近は、部門間を横断した小集団を編成して成果を上げる例が増えている。今後、さらにフラット化した組織運用を進め、トップのリーダーシップの下に、新製品開発をスピードアップし、同時にコスト革新への取組みを実施する必要がある。特に、プロジェクトマネジャーとスタッフ間の連携を強めることが重要である。

プロジェクトの企画および設備・システムの構築段階に適用されるクロスファンクショナル組織方式を有効に活用し、機能別組織から企画部門へ派遣されたメンバーの業務について、常にバックアップしていくことが必要である。

5 工場としてのコストマネジメント・システムを確立する

コスト革新を実現していくためには、一過性の活動から継続的な活動に変革していく必要があり、このための仕組みづくりが大切である。図1に示す通り、コスト革新のポイントは、商品開発プロジェクトの研究開発段階からのコスト開発、コスト企画、コスト設計にあるが、これら一連の活動と生産段階のコスト維持・改善を統合した仕組みづくりを目指すことが重要である。

通常、プロジェクト運用と定常的な工場の管理は独立して行われ、プロジェクト完了時点で工場へと引き継がれるが、コスト管理についても同様である。今後は、複数のプロジェクトを同時に管理することが多くなるため、コストマネジメント・システムをキーとして、プロジェクトコスト管理と原価管理との統合したシステムを確立し、運用する必要がある。

大石　哲夫（大石コンサルタント）

工場長のセルフチェック

1. 目標原価に許容原価の考え方を導入しているか。

2. 製品ごと、部門ごとのコストの発生状況を把握し、分析しているか。

3. 配賦による間接費の内容を実態に近い数値で把握し、分析しているか。

4. 廃棄、リサイクルを含めた、製品のライフサイクル・コストを把握しているか。

5. 製品開発プロジェクトの初期段階で、工場のノウハウを採り入れているか。

6. プロジェクトメンバーと工場メンバーのコミュニケーションはうまくとれているか。

7. 設備・システムの取得、維持に対する関心は高いか。

8. コスト革新活動は継続的な活動となっているか。

内部統制の基本はキャッシュフローにあり

> **Point** 内部統制は、キャッシュを保全する統制から始まった。経営の基本は、キャッシュを守るだけでなく、キャッシュを生み続けることにある。

1 キャッシュフロー経営

　工場長にとって「財務管理」とは本社マターであり、縁遠いものと思われるかもしれない。しかし、企業における「財務」とは、資金の調達と運用に関する業務を意味し、企業経営の根幹に関わるものである。

　企業会計における経営成果（損益）の計算は発生主義会計（後述）を基本としており、損益黒字であっても、資金決済ができなければ企業は倒産することもある。これを「黒字倒産」と呼んでいる。すなわち、企業は経営活動によって、最終的には資金（キャッシュ）を増加させ、再投資して経営を拡大していくことが重要である。

　しかし、タイミングによっては、キャッシュフローが支出超過となる時期もあり、適時に必要額の資金調達が行えることも、企業経営の安定には欠かせない。

　工場としてキャッシュフロー上、特に注意しなければならないのは次の各点である。

　第1に、原料、製品、仕掛品などの在庫の管理である。通常は、在庫については利益に直接影響しないが、キャッシュフローには直接関係する。

　第2に、資産の管理である。特に設備、ソフトウェアなどの固定資産については、取得時にキャッシュフローに大きく影響するが、利益上は、稼働した場合の償却費として原価に組み入れられるために、取得時にあまり注意しない傾向にある。しかし、昨今のように製品の短命化が顕著な場合、資産価値の大幅な減少により損失が生ずるため、取得時から工場として検討する必要がある。

　第3に、買い付けに対する支払い時期と、売り渡しに対する入金時期とのサイト差である。

2 キャッシュフロー計算書

　財務諸表（一般に言う決算書）は、①貸借対照表（期末日現在の資産・負債・資本の残高表）、②損益計算書（1期間の儲けの内訳書）、③キャッシュフロー計算書（1期間の資金収支の状況を表した表）などからなる。

　このうち、キャッシュフロー計算書は、現金および現金同等物（流動性の高い預金など）が1期間にどれだけ増減したかの内訳、すなわち資金収支の状況を次の3つの区分に分けて示した表である。その作成方法には、資金の出入りの種類と金額を集計して作成する「直接法」と、貸借対照表と損益計算書の金額を用いて、資金の増減を算出する「間接法」がある。以下では、直接法をベースにして説明している。

(1)営業活動によるキャッシュフロー：営業活動によって獲得した資金であり、売上げによる収入から、売上原価、販売費および一般管理費などの費用、税金などの支払額を差し引いて計算した資金の増減額である

(2)投資活動によるキャッシュフロー：設備・機器の取得・売却、子会社などへの出資・売却など、事業を行うための長期性の資産への投資とその回収に関連する資金の増減額である

(3)財務活動によるキャッシュフロー：資本金の増資・減資、社債の発行・償還、金融機関からの借入・返済など、企業の資金調達に伴う資金の増減額である

これらの3区分のキャッシュフローがプラスか

表1　キャッシュフロー計算書の見方

No.	営業活動による キャッシュフロー	投資活動による キャッシュフロー	財務活動による キャッシュフロー	経営の状況
1	＋（収入超） 営業で稼いでいる	－（支出超） 将来のために投資し ている	－（支出超） 資金の余裕があるの で自己株式を取得	優良企業
2	＋（収入超） 営業で稼いでいる	－（支出超） 将来のために投資し ている	＋（収入超） 投資のために資金調 達した	成長段階の企業
3	－（支出超） 営業で資金を生み出 せていない	－（支出超） 将来のために投資し ている	＋（収入超） ベンチャーキャピタ ルから出資を受けた	ベンチャー企業の立 ち上げ段階
4	－（支出超） 営業で資金を生み出 せていない	＋（収入超） 不動産を売却して資 金を生み出した	－（支出超） 金融機関からの借入 金を返済した	リストラ中の企業

表2　内部統制の概念

機能＼レベル	コーポレートガバナンス	マネジメントシステム
意思決定および実行機能		
制御（チェック）機能	内　　部	統　　制

（出所）鳥羽至英『内部統制の理論と実務』136ページを参考にして作成

31

2 経営戦略・技術戦略

マイナスかの組合せを見れば、企業経営の状況を判断するのに役立つ。**表1**は一例であるが、キャッシュフローの観点から自社がどのような状況にあるかを捉え、リスクマネジメントに活かすことが必要である。

3 お笑いタレントの愚痴から学ぶ 「内部統制」

かつて深夜のテレビ番組で、あるお笑いタレントが「うちの会社ではテレビ局から入金がないと、ギャラが払ってもらえまへんねん」と愚痴を言っているのを耳にしたことがある。この愚痴話は、実は内部統制の基本について、多くの教訓を含んでいるのである。

教訓の1つ目は、キャッシュフロー経営の基本を示していることである。その基本とは、営業で資金を稼ぎ出し、その資金の中から投資を行い、効率的に資金を活用することで事業を拡大して企業価値を高めるということである。営業で資金を稼ぎ出すためには、支出より収入が先行する必要があるが、この「入金を確認してからギャラを支払う」話は、このことを端的に表している。

教訓の2つ目は、プロジェクト別管理の重要性である。収録した番組別に、テレビ局からの入金を確認して後にギャラを支払うためには、番組別に収益と原価（損益）だけでなく、収入と支出（資金）を管理しておかなければならない。このことは、いわゆるドンブリ勘定ではなく、会計情報をセグメンテーションした管理が重要であることを示している。こうした資金管理は建設業などでも行われているが、プロジェクト別に処理する会計処理の仕組みがきちんとできていないと、「入金を確認してからギャラを支払う」ことは非常に手数のかかる作業である。この意味で、関連する情報システムを整備することも必要となる。

教訓の3つ目は、問題点の顕在化を促す仕組みである。ギャラが支払われないとタレントが騒ぎ出し、回収が遅れていることが黙っていても顕在化する。確かに、滞留債権を管理する業務によっ

ひとくちメモ 　発生主義会計とキャッシュフロー会計

現行の会計制度における利益の計算方法は、発生主義によっており、例えば、1万円で製造した製品を2万円で売った場合、売上高（収益）2万円は、売上代金を回収した時点で計上するのではなく、製品を出荷した時点や製品が納入先に検収された時点で計上する。また、売上原価1万円は、材料代金や労務費を支払った時点で計上するのではなく、売上高を計上した時に対応させて計上する。

この場合、損益は1万円の黒字（利益）であるが、販売代金の2万円の回収がまだで、支払いの1万円だけ済んでいる状態であれば、資金収支（キャッシュフロー）はマイナス1万円の赤字である。逆に、販売代金2万円を受注時にもらい（前受け）、材料費や労務費の支払いの方が後であれば、資金収支（キャッシュフロー）はプラス1万円の黒字となる。

さらに設備投資を考えると、設備を購入した時点で設備代金の支払いが行われ（キャッシュの流出）、設備を使用して製品を製造する時点では減価償却費が費用に計上される（収益から差し引かれる）が、キャッシュの流出は生じない。

このように、発生主義会計による損益とキャッシュフローは異なるので、「勘定合って銭足らず」によって黒字倒産も起こり得るのである。

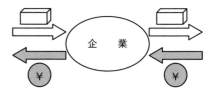

モノと権利の動きを表す発生主義会計

企　業

金の動きを表すキャッシュフロー会計

て、回収の遅延は明らかになるであろうが、その都度、言い訳の報告をして結論を先延ばしすることも可能である。プロジェクトの中で、発言力のある利害関係者（この場合お笑いタレント）の声で、問題点が公になる見事な仕組みである。

　教訓の4つ目は、フェイルセーフの思想である。企業の財産を保全する観点から、自動的に安全側に働く仕組を組み込んでおくことは重要である。支払ったものは容易には取り返せない。企業会計における最終的な損失は、キャッシュ・アウトがキャッシュ・インを上回る差額に一致するのである。テレビ局からの入金が遅れるということは、何か番組の制作上問題が生じているのかもしれない。確実に入金することを確認してから、対応する手続きを行うことにより、不確かな支払いを未然に防止することができる。メーカーにおいて、一般に設備代金の支払いサイトが原材料代金の支払いサイトより長くなっているのも、これと同様に、設備の稼働によるキャッシュの流入に対応させているものと思われる。

4 今、騒がれている「内部統制」とは

　老舗企業の粉飾決算事件や有価証券報告書の虚偽記載事件など、一連の企業不祥事の対策として、「内部統制」という言葉がよく聞かれるようになった。これは、経営者による不正の防止、企業情報のディスクロージャー（開示）による信頼性の確保を、主たる狙いとするものである。

　内部統制とは、「企業経営のすべての階層を通じたPDCA（Plan-Do-Check-Action）プロセスを伴うチェック機能」であり、その概念は**表2**のように整理できる。前半で述べた財務管理に関する4つの教訓は、主としてマネジメントシステムに関する内部統制の話である。ただし、「入金を確認してからギャラを支払う」という仕組みは、金に厳しい経営者ならではの発想と言える。このように内部統制の概念は、コーポレートガバナンスとマネジメントシステムにまたがる制御（チェック）機能をまとめ上げた概念なのである。

　工場における品質管理制度も内部統制の一例である。クレーム情報に関連する全社的な報告システムの欠陥と経営者のリスク感覚の欠如が、経営を揺るがした自動車メーカーの例も、内部統制の概念を理解する一助となろう。かつて外食チェーンを率いたある社長は、「問題自体は悪くない。悪いのは問題を放置する、あるいは隠蔽すること」と話した。このような発想こそが、現在の経営者や工場長に求められている。

石島　隆（法政大学大学院イノベーション・マネジメント研究科、公認会計士）

工場長のセルフチェック

1. 事業活動とキャッシュフローとの関係を工場の幹部は理解しているか。

2. 年度事業計画において、損益計画だけでなく資金計画も策定しているか。

3. 資金計画の算定根拠は明確であり、実現可能か。

4. 資金計画と実績の対比は、月次で行われているか。

5. ライン別、品種別などのセグメント別キャッシュフローが把握されているか。

6. 長期滞留在庫、未稼働設備などが把握され、対応策が講じられているか。

7. 在庫削減、投資の早期回収などが成果を上げているか。

8. 受注生産のプロジェクト案件については、案件ごとにキャッシュフローが把握され、問題があれば対応策が講じられているか。

8 技術経営によってコア技術の経済的価値を創出する

> **Point** 顧客開拓の視点から、自社のコア技術を見極め、経済的価値を創出するマネジメントを行い、他社に対する優位性を確保する。

現在、日本の製造業に求められていることは、海外を含めた他社が真似できない魅力ある商品やサービスを創造し、顧客に提供することである。このために、技術を核にした経営が改めて認識されてきている。この技術経営の一環としての生産管理は、過去に成果を上げた生産および生産技術の維持、改善のみではなく、将来の経営全体までを含めた、幅広い領域へと拡大させて対応することが必要である。工場長としては自ら技術経営のリーダーとなり、また、そのリーダーを育てる役割を実践する必要がある。

1 技術経営の意義とその必要性

(1)技術経営(MOT：Management of Technology)とは

経済産業省の定義によれば、「技術に立脚する企業組織が持続的発展のために、技術が持つ可能性を見極めて事業に結びつけ、経済的価値を創出するマネジメント」である。すなわち、企業としては顧客開拓の視点から、自社のコア技術を見極め、従業員の意識改革を行い、他社に対する優位性を確保することである。

(2)技術経営の必要性

2000年代前半時点である機関の調査によると、わが国の科学インフラ分野の水準は49カ国中2位(研究開発支出で2位、特許件数で1位)であるが、マネジメント分野の水準に関しては41位(企業家精神の普及度で49位、事業化の普及度で48位)と低迷しており、これを打開する必要に迫られていた。こうした傾向は現在も解消されていない。

(社)研究産業協会のアンケート調査によると、わが国では、基礎研究を終了した研究開発テーマが次の製品開発や応用研究へと進めず、いわゆる開発の「死の谷」で眠っている、と回答する製造業が約8割に達している。このため研究開発への投資だけではなく、技術開発を事業に結びつけ、成功させるための人材開発と仕組みづくりが求められている。

2 技術経営の取組みの変遷と今後の展開

(1)世界的に見た取組みの変遷

技術経営の取組みは、1960年代の米国で大規模研究開発プロジェクトのマネジメントに端を発するとされ、その変遷は次の通りである。

・1960年代：大型研究開発プロジェクトの管理
・1970年代：技術移転
・1980年代：技術革新
・1990年代：技術戦略
・2000年以降：コーポレートベンチャーリング(Corporate Venturing＝コラム参照)

このように、技術経営は従来から取り組まれてきているが、わが国で改めて議論されている技術経営(MOT)では、新製品を起業化するための技術戦略と、コーポレートベンチャーリング(社内からのベンチャー企業を起こすこと)が強調されている。

(2)技術経営の展開策

上記、コーポレートベンチャーを目指した取組みの展開策は下記の通りである。

①企業の研究成果からの新商品開発の効率的な

表1　技術教育カリキュラムの例

領　域	教　科　例
①経営学基礎	財務・会計基礎、グループ経営論、コストマネジメント
②経営戦略、技術戦略	経営戦略、技術戦略、技術戦略の事例研究、組織論
③技術マネジメント	イノベーションマネジメント、技術評価　ほか
④リスクマネジメント	リスクマネジメント・ファイナンス、意思決定理論
⑤プロジェクトマネジメント	プロジェクト＆プログラムマネジメント　ほか
⑥経営工学、経営情報科学	ITと経営、経営情報システム、経営システムと情報技術
⑦知的財産戦略	知財戦略ケース、知的財産理論
⑧ハイテクベンチャー起業論	技術ベンチャー論
⑨産学連携、技術移転	ベンチャー起業論、コーポレートベンチャー
⑩技術戦略論	実技戦略論

(出所)㈱アイサポート資料より抜粋

表2　製品開発プロジェクト実施上の留意事項

ステージ	留意事項
（企画段階） ・市場・事業戦略の策定 ・製品企画 ・製造方式の企画 ・プロジェクト計画 ・プロジェクトの評価と決定	なぜこの開発を行うのか 何を開発すれば、顧客のニーズを満たすか いかにすれば、高品質・低コストとなるか 課題明確化と解決のスケジュール化 経済性評価、総合評価
（実行段階） ・詳細機能設計 ・詳細構造設計 ・プロジェクト実施マネジメント	具体的な機能の設定 作業性、保守性、堅牢性、経済性の確認 実行組織管理

図1　技術を核にした事業展開

```
市場のニーズ          技術のシーズ
    ↕                    ↕
  顧客研究              改善・改良
    ↓                    ↓
  課題抽出              技術開発
    │                    │
    └──────┬──────────┘
         課題解決
           ↓
     新用途提案・事業化
```

35

遂行

②特許、著作権、ブランド価値など知的財産重視の戦略

③自社の強みを発揮できるような事業分野の適切な選択

④自社の経営資源と外部資源利用の最適な組合せ

⑤新規事業創出やベンチャービジネス起業の促進

⑥新製品開発プロジェクトの計画的かつ合理的な遂行

　これら各項目の実施に対しては、IT を利用した顧客情報の管理と製造技術の活用が効果的であり、同時に製造経験者の知識やリーダーシップが必要とされる。

3 技術経営のための人材育成

　企業において、新卒者を含めた技術人材に関する問題点として、一般的に次の各点が指摘されて
いる。

①目的意識の欠如：自分の能力がどこに活かされるかを理解していない

②コミュニケーション不足：プレゼン能力、調整力が不足している

③狭い専門領域：専門以外との交渉が少なく、応用が利かない

④実体験の不足：現場、実物を知らず、製品化に時間がかかる

⑤新事業における即戦力人材の不足：新規技術分野に対する技術習得が追いついていない

⑥リーダーシップのある技術マネジャーの不足：事業化、起業化のための人材が不足している

　これらの問題点を解消し、技術経営の目標を達成していくためには、各企業内部の技術蓄積のみならず、外部の情報や知識を採り入れ、また推進のためのリーダーを育成する必要がある。

　現在、各大学・専門教育機関において、技術経

ひとくちメモ

コーポレートベンチャーリング（Corporate Venturing）

　社内からベンチャー企業を起こさせることを Corporate Venturing という。従来の社内での製品開発では、研究テーマが自社で評価されない場合、企業化されることはなかった。これに対し、外部から評価されて資金などが集まるならば、ベンチャー企業を起こすことができる。これがコーポレートベンチャーリングである。

　こうした背景の下に、わが国の企業の中では、人材の活性化と新規事業の創出で会社経営への貢献を推進する観点から、コーポレートベンチャー制度（社内ベンチャー制度）を導入する企業が出てきている。

　コーポレートベンチャー制度は、企業にとっては従業員の活性化や、企業家意識の高い従業員の独立でリストラを進めることができる。また、企業家を目指す野心のある新入社員が入社することも期待されるなど、メリットは多い。また社会経済にとっても、優秀な人材が流入し、ベンチャー企業がより一層発展することで、就労構造の変化や労働力の吸収などが促進される効果も期待できるものと考えられている。

意識・意欲	開発担当の意識の高揚
経営戦略	事業開発を次世代の柱と認識
制度・仕組み	継続的に事業創造ができる制度・仕組み
人材育成	強力なリーダーシップの発揮
開発方向	市場志向、顧客志向の事業開発
独立志向	母体企業、パートナー企業をリードする発想

新規事業への対応

36

営に関するカリキュラムが準備され、企業人を対象とした教育が実施されている。**表1**にこの一例を、抜粋して示す。

4 新製品開発プロジェクト推進の留意事項

技術経営推進の中で、新製品開発プロジェクトの推進はその中心をなすものである。**表2**に、プロジェクト実施の各ステージにおける留意事項を示す。また、特記事項は次の通りである。

(1)顧客に密着した情報による新商品の開発

図1に示した通り、最初にターゲットとする顧客の研究を行い、何を開発するか決定する。次にそれを具現化する技術課題を解決し、新たな商品やサービスを顧客に提供する。その結果、図中の実線で示したように事業価値を高めることができる。

現在は、顧客満足から顧客感動に移行している時代であり、顧客に密着した情報をもとに、新商品およびその用途を提案し、採用することが重要である。

(2)開発期間の短縮と垂直立上げ

顧客ニーズの多様化により、商品寿命が短縮化している中で、新製品の開発期間短縮は重要な課題である。このために、IT技術を活用したシミュレーションによる試作品テストの省略、および製造技術者の知恵の総合が、開発期間の短縮と生産移行時の垂直立上げに向けては大きな効果がある。

(3)コスト開発の適用

新商品開発にあっては、商品や設備のコストは結果的に決まるものであるとの考え方が企業に多く見られるが、販売価格や利益が設定されれば、あるべきコストが設定される。このコストを知ることにより、開発の方向付けを行うことができる。また製品コスト、設備コストの目標コストを決めることにより、設計、製造の方向付けを行うことができる。

(4)クロスファンクショナルな組織運用

新製品開発プロジェクトは通常、組織を横断して編成されるクロスファンクショナル組織により運用される。この際、コンカレントエンジニアリング(同時進行技術活動)の適用によって、研究・企画、設計、設備システムの構築、製造の各段階の業務を、シーケンシャルな引き継ぎではなく、オーバーラップした引き継ぎによって、同時並行で進めていくことが有効である。

大石　哲夫(大石コンサルタント)

工場長のセルフチェック

1. 技術戦略、コーポレートベンチャーリングを理解しているか。

2. 技術経営の展開策について、具体的な計画を立てているか。

3. 次の製品開発につながる、顧客と密着した情報を常に取得し、開発部門に提供しているか。

4. MOTに関する内部教育・外部教育を、リーダー層に行っているか。

5. 基礎研究が終了し、商品化されていない研究テーマがあるか否かについてチェックしているか。

6. 商品化されていない開発テーマに対し、工場として的確な支援をしているか。

7. 製品開発プロジェクトのメンバーに、工場の生産ノウハウを提供しているか。

8. プロジェクト組織の運用にコンカレントエンジニアリングを適用しているか。

9 競争力とともに利益の源泉を大切に育てる研究・技術管理

> **Point** 工場は、研究の成果を製品の形に変えて市場に送り出す。利益を生み出すためには、高い技術力とノウハウが求められる。

1 工場長の役割

工場長には、研究成果を製品という形に変えて世に送り出していく重要な使命がある。言うまでもなく、顧客が真に求めている製品を、顧客の要求する品質・価格・納期条件を満たして提供するためには、他社と差別化できる特徴ある製品を生産し、効率的に供給していく能力が必要である。この能力をコア・コンピータンスと言い、利益の源泉である。図1の経営目標や経営ビジョンに整合する形で、技術・技能管理に重点を置いていくことが求められる。生産上で日々発生する短期的な事柄とは別に、長期的な目で工場長が戦略と戦術を所有していることが必要である。実際の付加価値を生み出すのは現場であり、その現場をマネジメントできる工場長は、会社の運命の一端を担っていると言っても過言ではない。

また、技術・ノウハウを構築し、それを伝承していくためには、工場長が仕組みをつくり、マネジメントしていく必要がある。企業の経営資源として重要なのは、人・モノ・金・情報・技術であると言われるが、中でも中心に位置するのは人である。人を活かし、人を成長させることが、研究開発を推進する上でも、技術・技能を鍛え、継承していくためにも重要となる。

2 研究開発と工場の役割

研究開発の分類と、工場において実施すべき研究開発の一例を表1に示した。

①基礎研究は、自然界における真理の追究であり、長期間を有し、さらに研究成果は偶然の発見によるところが大きい。しかし、見出された発見からは今までになかった新製品が生まれてくる可能性を秘めている。②応用研究は、基礎研究などで得られた知見や既存の知識に基づく、新技術や新製品開発のための研究である。この研究により、他社と差別化できる技術や、新製品開発に向けた基礎技術の開発が可能となる。③開発は、応用研究で得られた具体的な研究成果を、実際に製品開発に利用するための活動である。マーケティング活動により得られた市場のニーズと、企業の有する技術（シーズ）が、この段階で一体となり、競争力のある製品が生まれる。

長時間をかけて得られた研究開発の成果を、製品の形として世に送り出せる部署は工場である。工場は研究所でなされた研究開発の本質を正確に理解し、その上で、研究所などからの製造基本技術に、独自の知見とノウハウをつけ加えて、高度な生産技術へと昇華させなければならない。工場における技術・ノウハウの蓄積や伝承は、研究成果を具現化し、企業の競争優位性を保つための重要な手段である。

工場における研究開発の要素としては、次のものが挙げられる。

(1)新製品の市場投入

市場投入する製品を速やかに生産できる体制が求められる。製品の研究段階から、研究所など関連部門と、研究情報や工場の持つ技術・ノウハウを共有化し、知恵を出し合って生産技術の高度化を図る（コンカレントエンジニアリング）。

(2)製品品質・製造原価・納期の厳守

工場の基本的な使命は製品の品質・原価・納期を守り、顧客の満足する製品を送り届けることで

図1　経営における工場長の役割

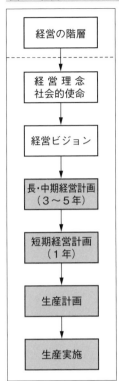

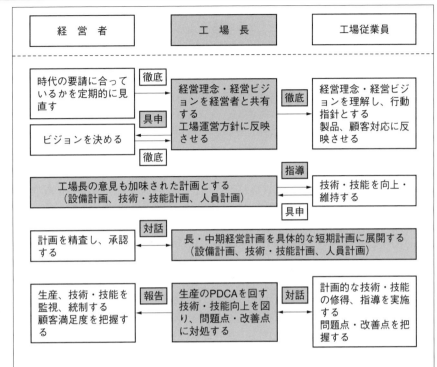

経営の階層

経営理念
社会的使命

↓

経営ビジョン

↓

長・中期経営計画
（3～5年）

↓

短期経営計画
（1年）

↓

生産計画

↓

生産実施

経営者｜**工　場　長**｜**工場従業員**

時代の要請に合っているかを定期的に見直す ─徹底→ 経営理念・経営ビジョンを経営者と共有する 工場運営方針に反映させる ─徹底→ 経営理念・経営ビジョンを理解し、行動指針とする 製品、顧客対応に反映させる

ビジョンを決める ←具申─

─徹底→

工場長の意見も加味された計画とする（設備計画、技術・技能計画、人員計画） ─指導→ 技術・技能を向上・維持する

←具申─

計画を精査し、承認する ←対話→ 長・中期経営計画を具体的な短期計画に展開する（設備計画、技術・技能計画、人員計画）

生産、技術・技能を監視、統制する 顧客満足度を把握する ←報告─ 生産のPDCAを回す 技術・技能向上を図り、問題点・改善点に対処する ←対話→ 計画的な技術・技能の修得、指導を実施する 問題点・改善点を把握する

表1　研究開発の種類と特徴

分　類	内　　容	実 施 機 関	期　間
基礎研究	新しい科学的あるいは技術的知識の獲得を目的に行う研究	大学、国家プロジェクト、企業の中央研究所など	長　期
応用研究	既存の知識を利用する、具体的な目標を持った研究	国や公立の研究所、企業の研究所など	中　期
開　発	新製品の市場投入や既存製品の大幅な改良のための活動	企業の研究所など	中・短期
工場の研究開発	新製品の早期立上げ、品質・原価・納期の厳守と改善、新技術・新製法の導入や確立など	工場、品質管理部門など	長・中期

表2　特許制度の概要

(1)特許に必要な要件	(2)特許権の成立から消滅まで
・産業上利用できる発明であること　単なるアイデアや情報の開示ではダメ ・新規性があること　出願前に公知となったものはダメ　特許出願前の学会発表は要注意 ・進歩性があること　同業者が容易に考えつくものはダメ ・そのほか　公序良俗を害しないこと	特許出願 　出願料　14,000円 特許公開（公開特許） 　出願日より1年6カ月 特許権の存続期間 　出願日から20年

ある。

(3)クレーム情報の活用

　クレームの中には真のクレームと、製品に対する要望が含まれている。真のクレームはその根本原因を解明し、解決する。要望は製品の高度化に利する。この活動を通して技術力が向上する。

(4)技術蓄積による競争優位の確保

　生産に関する技術について研究・蓄積し、伝承する仕組みを目指す。新しい生産技術・生産システムについては、定期的にチェックできる体制を構築する。

3 技術の深化とその維持

　コア・コンピータンスを強化するために、生産上で日々発生する短期的な事柄への対処とは別に、長期的な戦略と戦術が必要となる。工場長のマネ

ジメント次第で工場の姿は大きく変化していく。ポイントとすべき点は次の通りである。

(1)工場長の行動指針

　技術・技能を向上させて会社を一流にしようとする気概があり、それが部下にまで伝わり、工場に活気を与えていること。経営ビジョンと長・中期経営計画へ工場長の意見を反映させる努力をしていること。経営ビジョンと現状のギャップを明確にし、そのギャップを埋める具体的な計画を持っていること。現場に出向き、現状を確認し、その場の空気をつかみ取っていること。

(2)組織風土改革

　経営ビジョンを全従業員に浸透させ、行動様式にまで昇華させること。従業員が会社の社会的存在意義を認めて、会社を誇りと思うように導くこと。従業員が技術・技能を身につけたいと、真に願って行動するように導くこと。明るい雰囲気で

ひとくちメモ

技術は進歩していくもの

　製品の製造原価は、累積生産量の増加につれて低下すると言われている（経験曲線）。この理由は、製造時のノウハウの蓄積や設備の大型化により、生産効率が向上するためである。

　一方、同じ機能を持つ製品でありながら、製造原価が不連続的に低下することがある。これは、技術イノベーションに負うところが大きい。研究者が自信を持ち、会社が順風満帆に成長を遂げてきたような場合には、自社の技術が最高でそれを超える技術はあり得ないと、往々に考えてしまう。ここに落とし穴がある。

冷静に周りを見渡すと、常に新しい製造技術が開発され、製品の価格低減を実現している。

　研究者や工場の技術者は、常に新しい技術を知るとともに、新技術創造への努力を惜しんではならない。生産量が増加してきた場合には、製法転換した方が製造原価を低減できるケースもある。長年にわたって製造している品目については、定期的に製造方法の見直しが必要である。

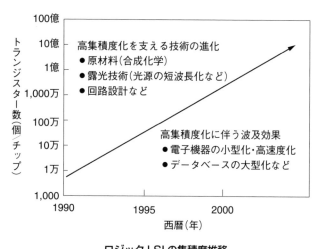

ロジックLSIの集積度推移

風通しが良く、協力体制のある職場をつくり上げること。権限委譲により、従業員の仕事への責任と熱意を醸成すること。悪い情報や問題点が速やかに工場長に伝達される風土を目指すこと。

(3)技術・技能の把握とその強化策

会社の競争力の源泉（コア・コンピータンス）が何であるかを従業員に理解させ、それを構成する技術・技能とその強化策を従業員に示し続けること。技術を伝承するための方法を講じること。従業員1人ひとりのキャリアアップ計画を作成し、継続的に実施していくこと。顧客との対話の機会を増やし、製品への要望やニーズの把握に努めること。暗黙知を形式知とする仕組みを強化すること。

(4)生産における着目点

設備・人員に余裕がある場合でも、常にリードタイムを短縮する努力により、生産技術の向上を図ること。設備能力と技能レベルを単位要素で定量的に把握し、従業員と共有すること。検査工程での検査項目と合格基準が合理的に決定されていること。問題発生時の原因究明とその対策が速やかに実施できる体制とすること。外注してもよい製品とそうでない製品が、コア・コンピータンスの視点より仕分けしてあること。

4 工場における知的財産管理

工場で生産される製品には、研究段階での多くの特許やノウハウが存在している。しかし、工場で特許が生まれないかというとそんなことはない。製造上の問題点や顧客からのクレームの解決時に、特許やノウハウの生まれることが多い。したがって、工場の場合には、研究所と比較して特許性を見抜く目を、より養う必要があると考えられる（表2）。

特許は法的に守られている。ノウハウは製品を製造する上で重要な役割を果たす場合が多いが、法的な保護はない。外来者が工場を見学したときに、そのノウハウを盗み取るかもしれないし、退職者がノウハウとともに他企業に渡す可能性もある。最近では技術をまねされることを嫌い、あえて特許とせずに、ノウハウの形で発明を企業内にとどめるケースも多くなっている。外来者の見学範囲の規制や、退職者には一定期間は同業他社に就業しないことなどの仕組みをつくり、情報の漏洩に対する歯止めとする必要がある。

畑　啓之（技術士・中小企業診断士）

工場長のセルフチェック

1. 研究所と情報交換して技術レベルの向上を図っているか。

2. 品質保証のために、常に最新の分析方法に関する情報を調査しているか。

3. コア・コンピータンスの中身を正確に理解し、説明ができるか。

4. 定期的に製造方法の見直しや問題点の摘出を行っているか。

5. 権限委譲などにより、従業員の仕事への責任と熱意を醸成しているか。

6. 現場トラブルが発生した場合、速やかに情報が共有化されるか。

7. 個人の有するノウハウを形式知化し、それを共有できる体制としているか。

8. 製法改良時やトラブル解決時に、特許性を見出す努力をしているか。

2 経営戦略・技術戦略

10 工場革新はプロジェクトで推進する

Point 工場の革新を推進するためには、ラインとスタッフが一丸となったプロジェクト組織で対応することが重要である。

現在、日本の各企業では変種変量生産と製品ライフサイクルの短縮化が進行する中で、ITを活用した開発革新、業務革新、大幅なコスト削減を狙った工場革新などのプロジェクトが相次いでいる。また近年、企業の再生と発展を狙った経営革新プロジェクトも増加している。

これらのプロジェクトは、工場全体として総合的に判断して実施する必要性があり、その成否は工場の知恵をいかに活かすかに依存している。

1 プロジェクトの種類と最近の傾向

プロジェクトとは、特定の目的を達成するための、期限を決められた臨時組織による活動である。プロジェクトは、図1に示す通りハード型とソフト型に大別でき、前者には設備投資に伴うプロジェクト、後者にはリサーチ・研究開発、情報システムの導入、業務革新などのプロジェクトがある。製品開発プロジェクトはこの中間に位置づけられ、初期段階はリサーチ・研究開発のソフト型で対応し、後期段階では設備投資のハード型で対応することになる。

最近の傾向として、マネジメントシステム構築のソフト型プロジェクトが増えており、この推進にあたっては、本社および工場のライン・スタッフのメンバーでいかにうまく協力してプロジェクトを推進するかが、その成否に大きく影響する。

2 製品開発プロジェクトへの参画

図2に示す通り、事業あるいは製品群のライフサイクルは、研究開発・企画、設備・システムの構築、操業、廃棄の4段階に分けられる。通常、新製品開発プロジェクトは、基礎・応用研究が完了し、企業化が決定した時点から発足し、プラントの建設、試運転が完了した時点で終了する。

昨今のように、製品のライフサイクルが短くなり、プロジェクトの件数が増加してきている状況では、個々のプロジェクトの管理のみではなく、複数のプロジェクトを総合的に管理することが必要となってきている。

多数の研究テーマの中から、どのテーマをプロジェクトのテーマとして選択するかについては、ライフサイクル全体における利益とコストを比較し、有利性を見て決定する。また、プロジェクトの推進中においても、将来の見通しが当初計画通り実現できないと判断された際には、変更あるいは中断する場合がある。これらを決定するためには、工場側の判断、特に工場長の判断が不可欠となっている。

プロジェクトの企画段階で製品原価の60～70%が決定されるとも言われ、プロジェクト初期の企画計画段階に、工場現場のノウハウや知恵を入れて、低いコストを実現することは重要である。図2に事業のライフサイクルの各段階で用いる手法を示したが、企画段階で設備・システムの構築ならびに操業段階の状況を想定し、各段階で使用される手法によってシミュレーションを行い、改善案を立案することが求められる。すなわち、下流から上流を見て改善案を立案し、上流で適用することがポイントである。特に、既設設備を活用して開発製品を製造する場合に、この視点が重視される。

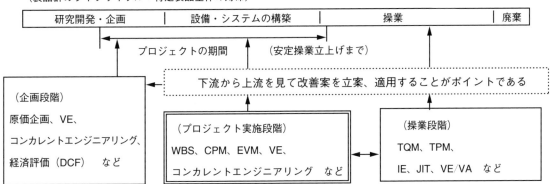

図1　プロジェクトの種類と分類

〈ハード型〉　　　　　　　　　〈ソフト型〉

③設備投資　　①製品開発　　②リサーチ・研究開発

④情報システム開発

⑤経営・業務革新

図2　製品開発プロジェクトの各段階に適用される各種手法

（製品群のライフサイクル：特定製品全体の寿命）

| 研究開発・企画 | 設備・システムの構築 | 操業 | 廃棄 |

プロジェクトの期間　　　（安定操業立上げまで）

下流から上流を見て改善案を立案、適用することがポイントである

（企画段階）

原価企画、VE、

コンカレントエンジニアリング、

経済評価（DCF）　など

（プロジェクト実施段階）

WBS、CPM、EVM、VE、

コンカレントエンジニアリング　など

（操業段階）

TQM、TPM、

IE、JIT、VE/VA　など

図3　WBSの全体構造（エンジニアリング会社の場合）

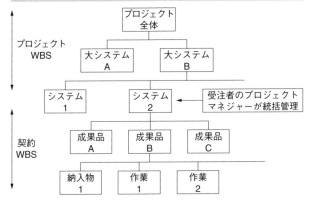

プロジェクト全体

プロジェクト
WBS

大システム
A

大システム
B

システム
1

システム
2

受注者のプロジェクト
マネジャーが統括管理

契約
WBS

成果品
A

成果品
B

成果品
C

納入物
1

作業
1

作業
2

3 経営・業務革新プロジェクトへの取組み

近年、企業の新たな飛躍を狙って、経営・業務革新推進のためのプロジェクトを実施する企業が増えている。このプロジェクトの取組みは次の観点に立って行われている。

(1)経営理念の革新：企業理念を、顧客やステークホルダーの視点で再構築
(2)経営組織構造の革新：執行役員制や社内カンパニー制などの導入
(3)経営構造の革新：サプライチェーン・マネジメント、キャッシュフロー経営などの導入
(4)事業の再構築：リストラクチャリング、グローバル化戦略などの実施
(5)情報化戦略：IT システムの導入、全社情報システムの統合など

これらの目的を成功させるためには、第 1 に既存組織、特にラインとスタッフの壁を打破することが重要である。第 2 にプロジェクトの業務とスケジュールを明確にして、確実に推進することが必要である。このためには、次に述べるプロジェクト手法を業務革新プロジェクトにも活用することが有効である。

4 プロジェクト推進のための手法

限られた資源と期間の中で、プロジェクトの目的を達成するために、次の手法が用いられる。

(1)WBS 法（Work Breakdown Structure：作業分割構成）を用いて業務内容を明確化
WBS 法は、プロジェクト活動などに必要なすべての作業を管理可能な単位に分割し、体系的に階層化するもので、活用の主たる目的は次の通りである。

①プロジェクトに必要な全作業の把握と識別
②組織との対応による作業範囲、責任、権限の明確化、特にマトリックス組織の場合は重要
③コストコントロール、スケジュールコントロールのフレームワークを設定
④仕様変更、追加オーダーへの迅速な対応
⑤プロジェクトの実績データのフィードバック
図 3 に WBS の全体構造の例を示すが、大別して発注者側のプロジェクト WBS と、サブシステムである受注者側の契約 WBS とに分けられ、契約 WBS はプロジェクト WBS へ統合される。

(2)スケジュールを明確にして着実に実行
WBS に基づいて、ガントチャート（バーチャートで表した詳細日程表）を用い、スケジュールを

ひとくち メモ
コンカレントエンジニアリング
（Concurrent Engineering：同時進行技術活動）

コンカレントエンジニアリングは 1980 年代後半に米国で唱えられた考え方であり、その目的は、設計あるいは製品開発における業務の引き継ぎを、ウォーターフォール型からオーバーラップ型に転換し、リードタイム短縮などにより製品の競争力を向上させるものである。

狭義には、製品開発において概念設計・詳細設計・生産設計・生産準備など、各種設計および生産計画などの工程を同時並行的に行うことを言う。CAD/CAE などのシステムを通じてデータの共有・共用化を行い、同時並行して作業することで、製品品質の向上とともに開発期間の劇的な短縮を目指す。

広義には、企画・開発から販売・廃棄に至る製品ライフサイクルの全フェーズに関連する部門が、製品の企画や開発、設計などの段階から参加、協働することを言う。特に、企画・開発の段階で設計、製造の状況を、CAD/CAE によってシミュレーションして、複数の代替案の比較検討を行いながら決定することは、開発期間の短縮と同時に開発製品の大幅なコスト削減につながる。

オーバーラップ型

明確にする。また、前後関係が複雑な日程については、CPM（クリティカル・パス・メソッド）法を用い、ネックになる工程を重点的に管理する。

（3）クロスファンクショナルな組織運営

定常組織を横断して編成されるクロスファンクショナル組織により、効率的な組織運営を行う。また、コンカレントエンジニアリング（同時進行技術活動）を適用し、組織の活性化、流動化を促す。コンカレントエンジニアリング実現のためには、企画や設計の段階から、下流工程（購買や製造あるいは建設）の担当者が参加することが必須である。これにより合理的な製造や建設の方法を企画、設計に反映することができ、プロジェクトの期間が短縮され、同時にコスト削減を可能にする。

（4）将来を予測した設備コスト見積りの実施

プロジェクトの進行に応じて、下記の見積りが行われる。

①超概算見積り：設備能力などをベースにした指数法による見積り（誤差：±20〜30％）

②概算見積り：機器の構成などを考慮した係数法による見積り（誤差：±10〜20％）

③詳細見積り：設計情報により、材料費、労務費などの積算による見積り（誤差：±5〜10％）

長期間にわたるプロジェクトに対しては、将来の価格変動を予測した見積りを行う必要がある。また、プロジェクト費用の実績管理には、EVM（Earned Value Management：出来高管理）法が使用される。

5 プロジェクトのリスク管理

プロジェクトのリスクはマネジメントの観点から、次の3つの側面が考えられる。

（1）コストリスク：予定よりコストがかかり、予算が超過するリスクである。原因としては、計画の不十分さ、購入価格が予定より高騰などがある。これらに対しては、見積り時にコンテンジェンシー、エスカレーションを推定しておく。

（2）スケジュールリスク：納期に間に合わず、プロジェクトの完了が遅れるリスクである。これに対しては、前記のCPM法を適用し、かつITを活用したリアルタイム情報によって、ネックになる工程を重点的に管理するなどの対策をとる。

（3）テクニカルリスク：予定していた性能が達成できないリスクである。新製品開発の場合には、製造立上げ時に顕在化する。製品研究の基本技術のみでなく、製造技術面での詳細な検討が必要である。

以上の側面以外にも、予測し得ない不慮の事故が起こることがあり、プロジェクトを予定通り成功させるには十分なリスク管理が必要となる。

大石　哲夫（大石コンサルタント）

工場長のセルフチェック

1. 個々のプロジェクトの目的、内容を十分理解し、対策を立てているか。

2. 既存の組織で実施するか、プロジェクトで実施するか、的確に選択しているか。

3. 複数のプロジェクトの相互関係を把握し、対策を立てているか。

4. 工場ライン、スタッフのメンバーはプロジェクトメンバーを支援しているか。

5. 工場のノウハウや知恵をプロジェクトメンバーに十分伝えているか。

6. プロジェクト推進の主要な手法を理解して、プロジェクトチームを支援しているか。

7. コンカレントエンジニアリングの考え方を適用しているか。

8. プロジェクトにおけるリスクへの対応を考えているか。

11 正確さとスピードが問われる製品設計

Point 利益を確保し、ブランドを築くためには、研究成果を製品化につなげる確実で素早いシステムが必要になる。

1 製品設計の重要性

　企業が利益を生み出し、成長発展していくためには、継続してヒット商品を生み出していかなければならない。ここに、ヒット商品とは顧客の心を捉え、期待した売上高と営業利益を生み出していく製品のことを言う。ひとたび製品が顧客に認められるとブランドを築くこともできるし、そのブランドが信用力となり、リピート購入にもつながっていく。さらに、いったん新製品を成功させると、その製品系列内で多数の製品を開発し、売上げを伸ばすことも可能となる。

　開発を試みる製品の多くが、「魔の川」「死の谷」「ダーウィンの海」（コラム参照）で、利益を生み出すことなく消え去る。製品が予定通りに市場投入でき、利益を生み出せるか？　そのかなりの部分は、すでに製品開発に着手した段階で決定づけられているのではないかと思われる。

　したがって製品開発の着手時には、マーケティングを通して品質、価格、デザインなどに関する顧客の要望事項が明らかになっていることはもちろんだが、それに加えていかに早くその製品を市場投入できるかも重要な要素となる。近年、製品の寿命は短くなる傾向にあり、時機を捉えて製品を市場投入しなければ、ビジネスチャンスを失うことになる。また、やっと市場投入にこぎつけたとしても、すでに競合製品が市場に存在する場合には価格・利益率の急激な低下を招き、利益を出せなくなって市場から撤退することもあり得る。せっかく開発した製品が世の中に認められず消え去っていくことは、企業にとって利益が得られないばかりでなく、その製品を設計・製造するために要した人員・期間・費用がムダになり、それは企業にとっても、また企業に社会貢献を求めている社会全般にとっても大きな機会損失である。

　顧客の満足できる品質、価格、デザイン、時機を得た製品を市場に投入していくためには、製品開発に対する考え方の深化と、そのためのシステムづくりが不可欠となる。

2 製品設計の考え方

　製品の製造コストおよび製品の信頼性は、一説によれば設計段階で70〜80％が決定されるとされ、製品が工場で生産に入った段階で製品の品質や製造原価、デザイン、製造の容易性などかなりの部分が決まってしまっている。製品の設計に携わる部署やそこに所属する社員には、企業の将来に関して大きな責任があると言えよう。

　図1に、マーケティングから設計終了までのプロセスを模式的に示した。概念設計とは、マーケティングの結果を受け、製品の機能やデザイン、販売価格など、その可能性を広範囲に考案していく、いわばラフスケッチ（粗い描写）の段階である。このラフスケッチの中から評価・選択により、本命とすべき設計案を選び出し、実態設計・詳細設計で本設計を実施する。概念設計で知識や知恵を集約し、また新たな発想を加えて、どれだけ多くの斬新なラフスケッチができるかが勝負どころであり、この概念設計が設計プロセスの重要な段階となる。

　図1では、各段階に要する時間を矢印の長さで、必要な資源量を矢印の太さで示している。従来の設計方法であるシーケンシャル手法では、1つの

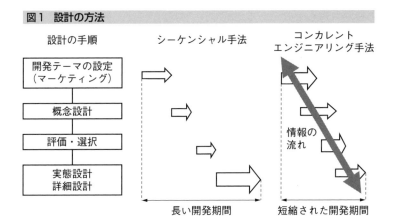

図1 設計の方法

設計の手順

| 開発テーマの設定 |
| (マーケティング) |

↓

| 概念設計 |

↓

| 評価・選択 |

↓

| 実態設計 |
| 詳細設計 |

シーケンシャル手法

長い開発期間

コンカレント
エンジニアリング手法

情報の
流れ

短縮された開発期間

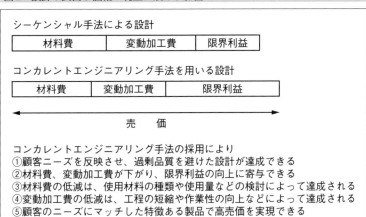

図2 設計の良否が価格・利益に及ぼす影響

シーケンシャル手法による設計

| 材料費 | 変動加工費 | 限界利益 |

コンカレントエンジニアリング手法を用いる設計

| 材料費 | 変動加工費 | 限界利益 |

売　価

コンカレントエンジニアリング手法の採用により
①顧客ニーズを反映させ、過剰品質を避けた設計が達成できる
②材料費、変動加工費が下がり、限界利益の向上に寄与できる
③材料費の低減は、使用材料の種類や使用量などの検討によって達成される
④変動加工費の低減は、工程の短縮や作業性の向上などによって達成される
⑤顧客のニーズにマッチした特徴ある製品で高売価を実現できる

段階が終了して次の段階に進む方式であるためで、設計の終了までに長時間を要した。また後段階では、前段階で決定された事項に基づき検討を進めることになるので、裁量の余地が狭められる結果となる。実態設計・詳細設計の段階まで行って設計の欠陥が見つかり、その修正に長時間と多くの資源量を要する結果となる可能性も大きかった。製品の市場投入までのスピードやタイミングが、製品の命運を大きく左右する現在においては、あまり良い手法とは言えない。

一方、コンカレントエンジニアリング手法では、各段階を重ね合わせることにより、開発期間の短縮、設計終了までに必要な総資源量の低減、設計品質の向上を狙っている。図中の斜めの矢印は、各段階間の情報の流れや情報の共有化を示している。設計段階で製品にコア・コンピータンス（会社の持つ強み）やコア・テクノロジー（キーとなる技術）を確実に組み込むことが可能となり、競争力のある製品設計が可能となる。図中には示していないが、コンカレントエンジニアリング手法

の場合には、製造期間（リードタイム）も短縮できる可能性が大きい。

図2では、シーケンシャル手法とコンカレントエンジニアリング手法で設計された製品のコスト比較を行った。コンカレントエンジニアリング手法では、全社の知恵が結集される結果、材料費と変動加工費の低減が可能となる。もちろん工場も、この知恵の結集に参画している。さらに注目すべきことは、マーケティング情報を反映した製品を短期間でつくり上げることができる結果、顧客満足と市場における競争優位性が確保され、売価を高く設定でき、限界利益を大きく増やせることである。タイミングの合った市場投入時期の実現も可能となる。シーケンシャル手法の場合では、製品が市場に出たときには、すでに市場が飽和してしまっているケースすら考えられる。

なお、この設計を受けて工場で製造に入った場合、すでに製造上の問題点も把握された処方となっているため、トラブルの少ない製造立上げが可能となる。

ひとくちメモ

製品開発は確率の悪いゲーム

基礎研究から利益の出る商品に至るまでの間には、さまざまな障壁があり、MOT（Management of Technology）ではそれらの障害を、「魔の川」「死の谷」「ダーウィンの海」と呼んでいる。

「魔の川」は研究と開発の間にあり、研究（シーズ指向）が開発（ニーズ指向）に結びつかない場合に生じる。「死の谷」は開発と商品化の間にあり、顧客の要望項目を満足できなかった結果、商品開発が失敗した場合である。「ダーウィンの海」は、市場に送り出した製品が弱肉強食の海で劣勢

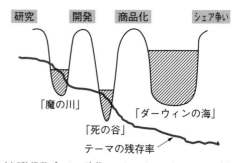

（出所）経営プロセス改革アソシエイツのホームページより

に立たされる結果生じる。製品を送り出すタイミングなどが問題であり、似たような製品を複数の企業が市場に投入し、激烈なシェアの奪い合いをした結果、価格破壊を招くこともある。最近では「怠惰の島」もある。「ダーウィンの海」をうまく渡りきっても、その後に製品に適切な手を加えないと、気がついたときには商品の寿命が尽きていることになる。

顧客のニーズを反映した製品を最短の開発期間、最少の費用で開発することが、製品設計にとって重要なことは、以上の試練からも明らかであろう。

3 設計に利用できる方法

設計の過程で利用できる手法には品質機能展開（QFD：Quality Function Development）、品質工学（タグチメソッド）、IE（Industrial Engineering）、VE（Value Engineering：価値工学）、TRIZ（Theory of Inventive Problem Solving：発明的問題解決の理論）など数多くあるが、ここではその中から2つを紹介する。

(1)品質機能展開

製品の要求品質と目標とする品質（設計品質）の関係を明確に表現するためのツールである。顧客の要求品質とそれを達成するための品質要素を明確にし、各品質要素について設計上で顧客の要求事項への充足度合いを判定しながら、設計を実施する。顧客にとって、重要性の高い品質要素を反映させた製品設計を行うことができる。

(2)品質工学（タグチメソッド）

田口玄一博士が提唱した、設計の段階で品質を安定させ、つくり込む方法である。品質は「製品が出荷後に社会に与える損失」で評価される。この方法では、品質にバラツキを与える複数の因子を変化させて計算処理し、各因子が品質の安定化に関与する度合いを求める。各因子を制御するための費用と製品の安定化の度合いを考慮していくと、コストパフォーマンスのある製品設計を実施できる。

4 設計への要請事項の変化

近年、環境負荷の低減のためにライフサイクル設計が重要視されるようになってきた。3R（リデュース、リユース、リサイクル）を考慮した製品開発、特定元素や化合物が含有されない材料の使用などである。多数の製品を海外に輸出する日本企業としては、日本国内における規制はもとより、ヨーロッパにおける RoHS 規制など、設計も国際化を念頭に置かなければならなくなってきている。このような状況下では、従来にも増して知識の集約が必要となってくるので、設計手法は一層コンカレントエンジニアリング手法に近づくことになるものと予想される。さらに、ユニバーサルデザインも市民権を得た。これは高齢化の進展などにより、多くの人にとって使いやすいデザインが求められているためである。要求事項の変化はビジネスチャンスであり、これらのチャンスをうまく捉えることができる企業の評価は高まっていくはずである。

畑　啓之（技術士・中小企業診断士）

工場長のセルフチェック

1. 技術の特徴を理解し、さらにその強化のために具体的な努力をしているか。
2. 最先端の製造技術を勉強し、工場で応用が可能か検討をしているか。
3. 製品に対する顧客の要求事項を理解し、必要に応じて情報を集めているか。
4. マーケティングから設計までの各段階と、その具体的な作業内容を理解しているか。
5. 設計段階から関与し、製品の付加価値を高めるための貢献をしているか。
6. 設計段階で計画された変動加工費を達成すべく努力しているか。
7. 工程上や製品の問題は、関連部署を巻き込んで速やかに対処しているか。
8. 開発が必要な技術が生じた場合、関連部署にその必要性を訴えているか。

3 試作・量産計画・立上げ

12 量産設計（素材型）──
製品は知恵とノウハウのかたまり

Point 多段工程での製造条件を全体最適化し、顧客の隠れたスペックにも対応できる能力が製品投入のカギである。

1 素材型製品の特徴

製品は製造方法の特徴から、大きく加工組立型と素材型に分けられる。加工組立型は、部品やモジュールを設計図通りに組み合わせていけば、製品ができ上がるものを言う。設計段階で部品やモジュールの選定や組立方法が決定され、工場では決められた通りに物理的な処理や組立を行っていくと製品が完成する。テレビやコンピュータ、自動車、機械類などの組立がその例である。設計は、製品機能設計→製品構造設計→生産工程設計の順に行われる。以前は日本のお家芸とも言える製品群であったが、今や簡単な製品では主役の地位をアジア諸国に奪われた。

それに対して素材型は、素材に化学処理などの変化を加えて製品とするもので、最初に持っていた材料の性質そのものが変化していく。形を与えられて最終製品となることもあるが、続く製品のための原材料となることが多い。この場合に製品に求められるのは、材料としての性質である。化学産業や鉄鋼産業、セメント産業、ガラス産業、紙・パルプ産業などがその例である。加工組立型と比較すると、その設計は製品機能設計→生産工程設計（設備設計）となり、製品構造設計が省かれる。

2 素材型製品の量産設計のポイント

素材型の製品では原材料を混合後に、煮たり焼いたりしてその性質を変化させ、製品とする。原材料の組合せや処理時の温度・圧力などの組合せなどで、得られる製品の性質および歩留りが時に

は大きく、時には微妙に変化する。好ましい性質の製品を得るためには、多くの実験により、あらかじめその適正な処理範囲を決定することが必要となってくる。特に、原材料から製品に至るまでに多くの工程を必要とする製品の場合には、それぞれの工程での最適化（部分最適化）も重要ではあるが、それよりも全工程を通しての最適化（全体最適化）がより重要となる。

加工組立型は部分最適化された部品やモジュールの組合せであり、その組合せの結果は容易に推定できるが、素材型の製品の場合には全工程を通した全体最適化としなければならないために、その組合せの数は幾何級数的に多くなり、最適条件を見出すまでに多くの労力と時間を要することになる。

また、組立型製品とは異なり、製品の出来具合が目で見ただけ、あるいは指で触れただけではわからない。あらかじめ、工程上に分析ポイントと品質を評価できる分析方法を決めておくことが求められる。

組立型製品では不良部分を外して取り換えるだけで問題は解決するが、素材型製品においては、長い工程のどこかで品質上のトラブルが起こると、多くの場合、その段階で製品がダメになる。したがって、製造条件を守ることと、分析ポイントでの品質の評価が重視される。

3 顧客との品質の擦り合わせ

素材型の製品は化学変化や熱処理など、特殊な操作が加えられて製造される。いわゆる鍋や釜が必要となる。つまり、素材型製品の製造は装置産

図1　製品案の創出から製品の製造まで

製品コンセプトの確立	・マーケティングデータの活用
基本設計（研究で確立） サンプルワーク	・基本製造処方の確立、特許の取得 ・スペックの擦り合わせ
試作（スケールアップ） サンプルワーク	・製造処方、歩留り、原価の確認 ・顧客とスペックの擦り合わせ、決定
量産計画	・工程設計、設備設計、人員計画など ・法規制など制約条件の折り込み
設備建設	・建設スケジュールなど計画の順守
量産開始	・生産サイクルタイム、歩留りの確認 ・必要に応じて製品スペックの微調整

表1　設備化にあたって考慮すべき事項

①研究データより取り込むべき情報
　・条件と品質、歩留り　など
　・安全上（火災・爆発）の知見
　・環境影響、健康影響

②関連法規（概要で）
　環境一般、地球環境、循環型社会、公害防止、大気汚染・悪臭、騒音・振動、水質汚濁・地盤沈下、土地利用・土壌汚染、化学物質、労働安全衛生法、防災　など

表2　潜在危険性の評価手法

①What-if
　「もし～なら」を繰り返し、潜在危険を洗い出す
②チェックリスト法
　リスト上に危険要因を列挙し、その要因が取り去られればリストから消去していく
③HAZOP（HAZard and OPerability study）
　操業条件からのズレが設備の安全性や操作性に及ぼす影響を想定し、設計の見直しを図っていく
④FMEA（Failure Mode and Effects Analysis）
　構成機器に故障が発生した時を想定し、その影響を検討していく
⑤FTA（Fault Tree Analysis）
　起こってはならない事象を想定し、その事象が起こるための条件を探る
⑥ETA　（Event Tree Analysis）
　発生事象がどのような事象や災害に発展していくかを探る

業に分類されることとなる。**図1**に、製品コンセプトの決定から製品の製造までの段階を記した。

まず、基本設計で研究を行い、顧客の要求する品質、価格、時機を満足する製品が供給できるかを検討する。この段階で顧客へサンプルワークを行い、スペックの擦り合わせを実施し、顧客の感度を確認しながら処方に手直しを加えていく。素材型の製品の場合、小さな実験規模（ラボ・スケール）と大スケールである工業生産規模との途中段階で、一般的には試作と称して中規模スケールでの製造を試みることが多い。これはまず、スケールが大きくなることにより、原材料が受ける熱が微妙に変化したり、処理にかかる時間が微妙に変化したりすることもあり、ひとまず品質や歩留りの変化を確認することを目的としている。次に、実際に工業化するにあたって操作性などの問題点を見出すことも目的とされている。このスケールアップ実験で得られた製品を顧客に評価してもらい、スペックを決定していく。

なお、スペックについて言えば、製品の本来持つべきスペックは顧客との取り決め事項になるが、この段階ではまだ顧客も認識していない、表面に出てきていないスペックもある。顧客が使用してみてなんだかしっくり来ない、スペックにはないがこの特性をもう少し改良してもらえないかというような、使用して初めてわかってくるスペックである。このスペックついては、製造が開始されてからその製造条件を少しずつ変化させて、必要な水準に近づけていくことになる。このスペックへの対応力が企業の実力となり、顧客からの信頼につながる。

4 設備に求められる要件

以上説明してきたように、素材型製品の多くは装置産業で生産される。そこで、製品のスペックと販売先（あるいは販売量）が決まったならば、それに見合った設備設計を必要とする。設備設計にあたっては、生産性の良さ、設備の安全性、操業の容易性などへの考慮が必要となる。

表1には、基礎研究より取り込んでくるべきデータや情報、設備化や製品のライフサイクル上で考慮しておくべき法令を概要ではあるが示した。また**表2**には、設備の安全性を確保するために必要な方法論を、簡単に紹介した。設備の稼働時に異常が生じた場合に、設備が安全側で停止するよ

ひとくちメモ

もう1つの製品分類方法、アーキテクチャー論

製品のタイプ分けをするのに、「組合せ（モジュラー）アーキテクチャー型」や「擦り合わせ（インテグラル）アーキテクチャー型」という言葉を耳にする機会が多くなってきた。前者は各要素の機能がそれ自身で独立している（他要素からの影響を受けない）ために、既存の要素の合計で全体の機能を発揮する製品と

	組合せ型	擦り合わせ型
加工組立型	コンピュータ	自動車
素材型	石油製品	化学品、鉄鋼

製品の分類方法

され、後者は各要素のきめ細かい相互調整や最適設計を要する製品とされる。自動車産業は、従来からの分類方法では加工組立型に分類されるが、この分類法では擦り合わせ型に分類される。自動車の乗り心地や燃費などの項目は、互いにトレードオフの関係にある。例えば大型化して乗り心地を良くすると燃費が悪くなる、などである。顧客の要望を満たす自動車のつくり込みには、関連する要素を総合した設計が必要となる。

本文で述べてきた化学産業や鉄鋼産業なども、典型的な擦り合わせ型の産業である。顧客ニーズを満たすべく製品設計段階で条件を微調整して、製品をつくり込んでいくことが重要になる。

うにしたフェイルセーフは、重大事故防止の観点から重要である。また、ヒューマンエラーを防止すべく、読みやすいマニュアルや手順書の作成、適正な研修方法と研修期間、管理者と作業者の良好な人間関係が構築される作業環境の設計など、設計時に配慮すべき事柄は多い。

　一般的に素材型と組立型では、例外はあるが、設備面で大きな違いがある。加工組立型用の設備は、設備製造費用が比較的低価格で設備製造にかかる期間も数日から2, 3カ月と短い。設備は容易に移動できるものが多く、工程レイアウトも容易に変更可能である。素材型設備は、設備製造費が高額で設備製造期間も長い。設備は重くて大きく、容易に移動できないことが特徴である。設備設計は、研究−工務−工場などからメンバーを募った、プロジェクトチームで実施していくことになる。

5 日本における素材型産業の重要性

　説明してきたように、顧客が求める機能を持った製品を市場投入するためには、長い研究期間と多くの実験が必要である。しかし近年、化学産業を例にとると、中国やインドなどの厳しい追い上げを受け、多くの製品が輸入に回ってきている。これは日本の素材産業の能力が低下した、あるいは中国などの技術レベルが向上して実力差がなくなってきたことを意味しているわけではない。

　化学製品の中には、かなり乱暴なつくり方をしても、製品がそこそこの品質と歩留りで得られるものも多くあり、これらの製品が日本に多く輸入されてきているのである。すなわち、日本でもつくれるが、中国でも同じようにつくれる製品、このような製品では同じ土俵での競争となり、日本の優位性が見出せなくなるわけである。

　高度な技術やノウハウに裏打ちされた製品、例えば構造が非常に複雑で、製造が非常に難しく、製造条件を少しでも外れると品質や歩留りが極端に悪くなるような製品は、一朝一夕では他国からの追随を日本は受けない。コラムにも示したが、日本の競争力の源泉は擦り合わせアーキテクチャー型製品の中にある。今後の日本の製造業においては、擦り合わせアーキテクチャー型製品に傾斜していく必要があると考えられ、そこに世界の中の日本の存在意義を見出していくべきだと考えている。擦り合わせ型の素材型産業から生み出された製品は、組立型産業の製品へと組み込まれ、これら製品の高品質化・高機能化に寄与し、競争力を高めていくことにまでつながっていくのである。

畑　啓之(技術士・中小企業診断士)

工場長のセルフチェック

1. 製品は加工組立型か素材型かの識別ができ、それに応じた設備設計がなされているか。

2. 製品は組合せ型か擦り合わせ型かの識別ができ、それに応じた設備設計がなされているか。

3. 製造工程における強みが競争力となっているか。

4. 顧客の要求事項に変化があった場合には、適切に応えられているか。

5. 最終ユーザーの要求事項を把握しようとして努めているか。

6. 設備化にあたって必要となる法令の種類を確認しているか。

7. それらの法令を満足できる具体的な製造方法、製造設備となっているか。

8. 基礎研究から設備化・設備稼働に至るまでの、決められた手順があるか。

13 量産設計（組立型）——変化に対応できる生産方式の選定

Point 組立型ではサプライチェーンの構想を練り、顧客の要望に対応できる生産方法を決め、全体最適化を図ることが特に大切である。

1 組立型産業の特徴

(1)サプライチェーンの構成

量産の基本設計を行う場合には、生産の前後の工程を含めたサプライチェーン全体の構想を立てた上で、生産方法を決める必要があるが、組立型については特にその傾向が強い。

図1にサプライチェーンの一例を示すが、サプライヤー、販売店とも海外にまで範囲を広げて考える必要がある。また、それぞれのサプライヤーごとにサプライチェーンを展開しているので、チェーンは高度に複雑な系になり、かつ、グローバルな連携が必要となる。

セル生産のように比較的簡単に移動できる設備の場合は、人材さえ確保できれば、生産工場は最適地を求めて、コスト力やインフラなどで有利な地域に進出しやすい。

(2)サプライチェーン・マネジメント（SCM）の仕組み

セット商品に使う部材は数十から数百、数千、数万に及ぶ。かつ各部材メーカーがそれぞれに独自のサプライチェーンを持っているので、統合したネットワークは膨大なものとなるが、最近のインターネットとPC技術が、それを支援する強力な武器となるはずである。

実際に部材や半製品を扱い、加工し、輸送するライン部門に対する生産指示は、営業部、資材調達部、生産管理部、技術部など多くのスタッフ部門が関連し、各部門の正確な動きが要求される。指示ミスは、多数の不良品あるいは不良在庫の発生につながることになる。一例を挙げると、ある大手電機メーカーの製品の電源コードに、有害物質が検出されて、EUの税関で引っかかったことがある。仕掛在庫を含めて全製品、数百万台の回収と手直しに数十億円を要した。

このような状況であるから、TQMおよびTPM活動の一環として、品質保証のためのスタッフ部門（技術部門、生産管理部門、事務間接部門）の活動は、生産部よりも広範囲に実施する必要がある。さらに、企業本体だけでなく部材メーカーの生産、技術、資材部門を巻き込んで、品質保証活動を徹底しなければならない。この活動のポイントは次の通りである。

①必要な情報が「対象を間違えることなく」短時間に取り出せるようにする

②計画と実績を明確にして、差異がひと目でわかるようにする

③必要な情報が、必要な部門に、必要なタイミングで伝達される仕組みをつくる

2 生産方式と垂直立上げ

(1)生産方式の種類と最近の傾向

組立型の量産の生産設備としては、ライン生産方式、セル生産方式、および両者の折衷型があり、製品の特性に合わせて、適切に選定しなければならない。

①ライン生産方式

ライン生産方式は、従来の製造業における一般的な生産方式であり、少品種大量生産に適した方法である。この方式では、ベルトコンベヤの流れの両脇に作業者や部品、工具などを配置して生産するもので、作業者の作業も限られた範囲となる。

この方式で多品種生産に対応すると、生産品種

図1　サプライチェーンの例

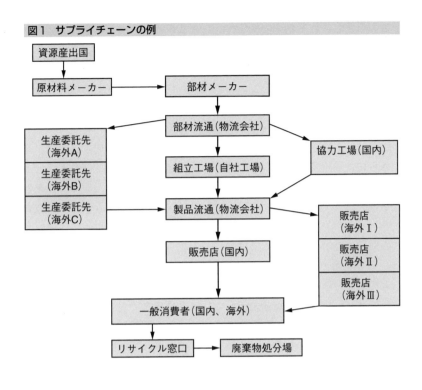

```
資源産出国
   ↓
原材料メーカー  →  部材メーカー
                      ↓
                 部材流通(物流会社)
        ↙             ↓            ↘
生産委託先                         協力工場(国内)
(海外A)         組立工場(自社工場)
生産委託先            ↓              ↓
(海外B)                           
生産委託先  →  製品流通(物流会社)  →  販売店
(海外C)                               (海外Ⅰ)
                    ↓                販売店
               販売店(国内)           (海外Ⅱ)
                    ↓                販売店
                                     (海外Ⅲ)
        一般消費者(国内、海外)  ←
              ↓
       リサイクル窓口  →  廃棄物処分場
```

図2　コンベヤラインとセルの折衷型

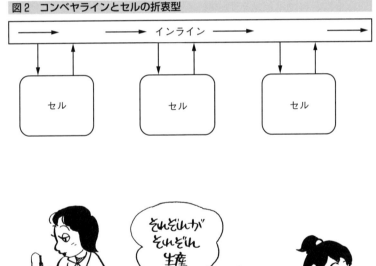

の切替えに時間と労力を要し、作業効率の低下や在庫の増加などの問題が生じる。

自動車工場の生産ラインは、大きい部品や重い部品が多いことでライン生産方式を採用しているが、多品種生産の問題に対応するため、切替え時間の短縮や自働化、JIT（ジャスト・イン・タイム）などを採り入れ、生産リードタイム短縮と在庫圧縮を図っている。さらに、最近ではいくつかの部品を一体化し、モジュール化することで開発も含め外注化することが検討されている。

②セル生産方式

ライン生産方式の問題点を解決するために提唱された方式である。セル生産方式は、1人または複数人の作業チームで製品の組立を行う方式である。1人で行う場合には、1人屋台生産方式とも呼ばれている。ライン生産方式と比較して作業者の受け持つ範囲が広く、1人または1チームが最初から最後まで担当する場合が多い。

情報機器メーカー、家電メーカーでこの方式の導入が積極的である。また、自動車部品や工作機械メーカーへの導入も目立ってきている。

③ライン・セル折衷型生産方式

製品の種類に応じ、生産性を上げつつ柔軟性を持たせるために、**図2**に示すように「コンベヤ方式」に「セル方式」を組み込んだ折衷型も多数工夫されている。

(2)セル生産方式の特徴

作業者を中心に周りに設備、必要部品を配置し、作業者は設備を順次操作して、1台の製品を完成品に仕上げる。したがって作業者は全工程をマスターする必要があり、作業者教育に時間がかかる。

これに対応するために作業マニュアルをデジタル化し、ディスプレイで作業手順を順次示す方法が開発されている。作業者はディスプレイの指示通りに作業するので、習熟は非常に速くなり、パート作業者でもすぐにベテランと同じように働ける。また同時に、組立に必要な部品はPCコントロールされて順次供給されるので、仕掛在庫も最小に抑制できる。

設備が軽量で移動が比較的容易なため、レイアウトを自在に変えることができる。セル方式は必要に応じて設備とレイアウトを変更するので、水

ひとくち メモ

モジュール化

「モジュール化」は、次第に複雑化する技術を、企業が取り扱うことを可能にしてきた手法である。製品をサブシステムである「モジュール」に分解し、それを組み合わせることによって設計者、製造者とユーザーは、製品の高い柔軟性を獲得するものである。自動車産業においては当初、ヨーロッパの自動車メーカー各社で採り入れられてきたが、今では日本の自動車メーカーでも標準的に採り入れられている。

自動車業界では、大手メーカーは20世紀まで中央集権化された設計システムに依存してきたが、部品点数が膨大となり、次第にこれから離れようとしている。コスト削減、技術革新の加速、品質改善などの厳しい圧力の下で、自動車のエンジニアは複雑な電気的・機械的システムの設計を、小さな単位に分割する方法を模索している。自動車産業の複数のサプライヤーは、すでに事業を特定のモジュールの周辺に統合・強化しつつある。

日本型モジュール化の狙いは次の各点にある。
①モジュール単位の設計でコスト低減と付加価値の創出
②自動車メーカーの開発費負担の軽減
③欧米メーカーでのモジュール化進展に伴う変革への対応

①フロントエンドモジュール
②ドアモジュール
③コックピットモジュール
④ルーフモジュール
⑤吸気系モジュール
⑥燃料タンクモジュール

自動車用モジュールの例

や電気などのユーティリティーは自由に取れるようにしておく必要がある。そして、それぞれの作業者が改善を続ける姿勢が大切である。また、現場が改善案を提案して、技術部門が検討し実施する仕組みは、職場を活性化する。

(3)垂直立上げに対する量産設計上の考慮事項

開発から量産、発売までの期間をできるだけ縮め、かつ試運転後ただちに量産を可能にすることを「垂直立上げ」という。

新製品の「試作→量産計画→立上げ」の全工程を垂直に立ち上げるには、地球的規模の連携が必要である。つまり、サプライチェーンの全過程を網羅する活動になるので、図1に示した組織で働く全員に業務を徹底する必要がある。

生産設備が必要台数そろっている場合の考慮事項は次の通りである。

①設計・開発・試作の段階で、「生産技術者と生産部リーダー」を参加させる（コンカレントエンジニアリング）とともに、商品設計を目指す

②試作に用いる設備は「量産設備そのものを使う」か、または「量産設備と同じタイプの設備を使う」かの、どちらかとする

③3次元CADなどを使用して作業や設備駆動、製品の動作をシミュレーションする

④作業者教育に「熟練者のビデオ」や「PCを使ったビジュアルなマニュアル」を活用して作業の短期熟練を図る

⑤SCM全体にわたって生産設備能力、材料供給能力をシミュレーションする

新規に増産設備をつくる場合の考慮事項は、上記の条件に加えて次の項目がある。

①既存設備の仕様を忠実に守って作成する（量産開始時点で不測のトラブルをもたらす恐れがあるため、技術検討目的で新規仕様を安易に盛り込まない）

②作業性や設備の軽量化を目的として、設備の形状変更などを盛り込む場合は、機能・性能に悪影響を及ぼさないよう十分な配慮を行う

③ガントチャートを作成し、初期流動の投入開始日と個々の設備の処理開始日に対して、余裕を持った設備製造のスケジュールを立てる

海外拠点に対する留意事項を以下に示す。

①グローバルに事業拠点を展開している場合、各拠点の現場担当者の教育が重要

②作業の意味を理解させること

③外国人には文書での説明付きで伝えること

④何気なく指示したことが、相手を侮辱したと受け取られないようにすること

⑤現地の法律に加えて、人情や習慣までを謙虚に学ぶ姿勢が大切

⑥機密漏洩防止策に万全を期すこと

仲　俊一（イーメッツ）

工場長のセルフチェック

1. サプライチェーン全体の構想を練った上で、生産方式を決めているか。

2. 生産方式（ライン式、セル式など）の選定は、商品の特性に適応したものになっているか。

3. 材料、部品の調達について、品質、量、納期は大丈夫か。

4. 必要な人数の作業者の確保と、作業者への教育計画はできているか。

5. 技術マニュアル、作業マニュアル、設備保守マニュアルはできているか。

6. 作業の安全が確保された計画となっているか。

7. 垂直立上げのための技法を活用し、計画通りに進めているか。

8. サプライチェーン全体にわたって機密漏洩防止対策は万全か。

ISO9001 を活かした生産の立上げとつくり込み

Point　効率的な新製品の立上げを実現し、現場で品質をつくり込むにはどのようにすればよいか。ISO9001 の要求事項に関連づけて考えてみよう。

1 市場のニーズに応える

　スマートフォンやタブレットなど IT 機器の普及に伴い、デジタル化社会が進展して消費者ニーズが分散する傾向が顕著になった。その結果、時代や市場に適した新商品の開発が今まで以上に要求され、かつスピードが求められるようになった。

　このような時代のモノづくりは、効率的な新製品の立上げと品質のつくり込みを短期間で実施しなければならない。ISO9001 の運用と活用により、早期に達成することがこの間志向されてきた。

2 ISO9001 マネジメントシステムの役割

　ISO9001 品質マネジメントシステム（QMS）は、2015 年に大幅改訂された。**図1**に見られるように、組織とその状況の把握や、密接に関連する利害関係者のニーズと期待について把握しなければならなくなった。さらに、自社のリスクと機会（チャンス）への取組みも求められるようになったのである（6 項）。これらの要求事項の達成のためにトップのリーダーシップが必要となり、PDCA（計画→実施→見直し→改善の実施活動）サイクルに目を光らさなければならなくなった（5 項）。その結果、大企業のみならず中小企業の製品やサービス業まで、広範囲に活用できるマネジメントシステムが必要とされたのがその背景である。

　QMS は、品質の安定した製品やサービスを提供し、顧客満足をもたらすために、より有効なシステムとして社内に定着化させることができる。受注から生産立上げに至るプロセスを**図2**に示す。

3 生産プロセスの手順

　(1)営業プロセス（主に 8.2 項）

　顧客ニーズをいち早くキャッチし、自社がどのような商品やサービスを提供できるかが勝負になる。そこで企画書を作成し、顧客との仕様や取引金額を交渉することから始める。

　(2)設計・開発プロセス（主に 8.3 項）

　営業の企画書や仕様書をもとに、担当者を指名して設計開発を行う。初めに設計計画書を作成し、設計の進捗に伴い関係部門を交えて検図やデザインレビューを行うことが大切である。その際、組図をベースにデザインレビューを実施することを勧める。機構（メカニズム）や製作工程、加工工数などを総合的に勘案しながら検討するのである。

　デザインレビューをきちんと実施すれば、顧客の仕様に合った製品を提供できるとともに、コスト低減も可能になる。なお、設計にあたってはライフサイクルアセスメント（LCA）を考慮した開発が求められ、材料から製造、製品使用、廃棄までの環境負荷を最小限にする努力が求められている。

　(3)運用管理プロセス（主に 8.1 項）

　運用管理プロセスは、デザインレビューを終えてどのような手順で加工するかの工程設計を行うものである。工程設計の巧拙により QCD が決定すると言っても過言ではなく、ここは大変重要である。きちんと段取りしていないと目標コストに到達しないばかりか、品質面で大きなトラブルを発生させる要因にもなるため注意したい。

　一方で、日程管理も大切である。納期や品質を達成するため、人員や設備をどのように投入するか入念な検討が求められる。生産途中に特急品が

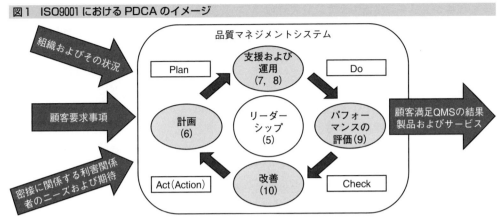

図1 ISO9001におけるPDCAのイメージ

品質マネジメントシステム

組織およびその状況

顧客要求事項

密接に関係する利害関係者のニーズおよび期待

Plan
計画 (6)
支援および運用 (7, 8)
リーダーシップ (5)
Do
パフォーマンスの評価(9)
Check
改善 (10)
Act(Action)

顧客満足QMSの結果
製品およびサービス

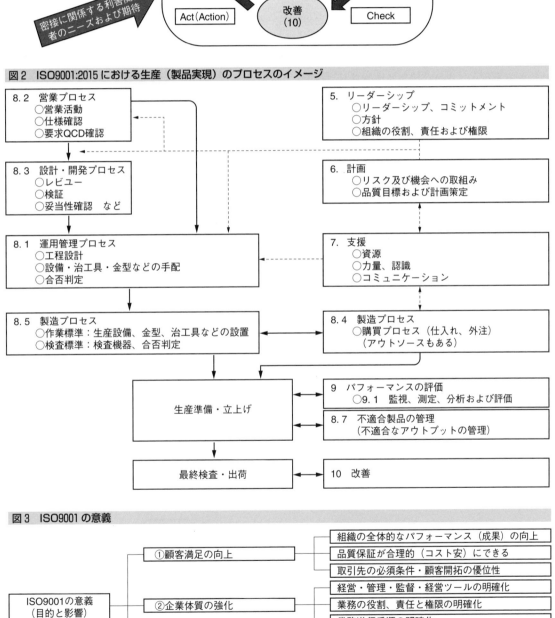

図2 ISO9001:2015における生産（製品実現）のプロセスのイメージ

8.2 営業プロセス
○営業活動
○仕様確認
○要求QCD確認

8.3 設計・開発プロセス
○レビュー
○検証
○妥当性確認　など

8.1 運用管理プロセス
○工程設計
○設備・治工具・金型などの手配
○合否判定

8.5 製造プロセス
○作業標準：生産設備、金型、治工具などの設置
○検査標準：検査機器、合否判定

生産準備・立上げ

最終検査・出荷

5. リーダーシップ
○リーダーシップ、コミットメント
○方針
○組織の役割、責任および権限

6. 計画
○リスク及び機会への取組み
○品質目標および計画策定

7. 支援
○資源
○力量、認識
○コミュニケーション

8.4 製造プロセス
○購買プロセス（仕入れ、外注）
（アウトソースもある）

9 パフォーマンスの評価
○9.1 監視、測定、分析および評価

8.7 不適合製品の管理
（不適合なアウトプットの管理）

10 改善

図3 ISO9001の意義

ISO9001の意義
（目的と影響）

①顧客満足の向上
- 組織の全体的なパフォーマンス（成果）の向上
- 品質保証が合理的（コスト安）にできる
- 取引先の必須条件・顧客開拓の優位性

②企業体質の強化
- 経営・管理・監督・経営ツールの明確化
- 業務の役割、責任と権限の明確化
- 業務遂行手順の明確化

③世界標準の企業ライセンス
- 世界中に通じる企業活動レベル活動の維持
- 企業レベルの第三者評価
- 企業の社会的評価、社員の自信

舞い込んで現場が混乱する場面も多く、日程管理は軽視できない要素と言える。

(4)製造プロセス(主に8.5項)

①生産準備

まず工程設計に従い、必要な設備や治工具、力量を有した作業者を割りつけていく。品質を保証するための検査基準や検査機器、さらには合否判定基準も用意する。新製品や新しい仕事である場合は作業基準書を作成する。デジタル技術の普及により動画化も進んでおり、これらを使うと外国人従業員にもわかりやすいものに仕上がる。

これらの作業基準書に基づき、作業するように教育訓練を行う。また、作業基準書通りに作業しているかどうか確認することも、流出不良をなくす意味では非常に重要である。

②初期流動管理

新製品の立上げで量産品であれば、初期流動管理を必ず実施して万全の対策を講じたい。なぜなら、生産準備の初期段階からいくら手を尽くしても、いきなり垂直立上げをすると痛い目に遭う。したがって、初期流動管理で事前に必要ロットを流して確認するとよい。顧客要求事項であるQCDを実現させる活動で、自社の総合技術力が試される。

③購買管理:サプライヤー製品(主に8.3項)

外部のサプライヤーが必要な場合は、協力企業の品質保証能力や技量を事前に把握しておく。ISO9001では、取引開始時に協力企業(サプライヤー)の経営状況や技術力、品質、納期など「協力企業の評価表」の作成が義務づけられている。このとき、妥当性の確認方法や直近の品質状況の把握も大切である。

④製品のリリース

重要なのは、最終検査ではなく工程内検査である。工程内で加工した部分の形状や寸法、外観の傷や打痕などを確認する。品質に問題がなければ、次工程に送る。最終出荷検査は極力減らし、外観や荷姿のチェックにとどめる。ロボットなどの製品は、エージングを行って良品のみを出荷する。

⑤不適合製品の管理(主に8.7項)

製品の流出不良は、避けることができない難問である。品質目標で流出不良ゼロを目指しても、その実現はたやすくない。

最近の設備は制御技術の進化により、電子的に二重・三重のチェックを施している。そのため加工設備周辺に多少のノイズが出ても、機器の暴走を防止できる。また、データ通信のトラブルの際も運転停止できるようになっており、機械(設備)系による品質不良はほぼなくなってきた。

一方で人間系のミスは本人次第ということもあり、なかなか減っていない。流出不良の原因を調べると、大半がヒューマンエラーとの結果もある。

ヒューマンエラーの発生原因は、作業者の性格に起因すると言われる。例えば、几帳面な人とそうでない人がいるが、几帳面な人はチェックリストを作成し、入念に確認しながら作業を進める。または、指差呼称で確認してミスを防いでいる。逆に几帳面でない人は、あまりミスを気にしない。作業者の性格による差が大きいと思われる。

ヒューマンエラーの対策としてはポカヨケが知られ、例えば識別という機能が挙げられる。識別には色分けする(良品と不良品で色を変える)、ICタグを用いてトレーサビリティの管理する(加工履歴や検査情報の取得)などがある。また、IT技術により異常が発生したとき、アラームで作業者に知らせることもできる。カメラや画像センサ

ーを使った選別もかなり定着してきた。

4 品質マネジメントシステムの意義

(1) ISO9001導入の意義

ISO9001に取り組む目的を**図3**にまとめた。以下に示す3つの利点を手に入れることができる。

①顧客満足の向上

近年、顧客満足の実現は取引先との必須条件となっている。また流出不良をなくすことで、双方のメリットが大きくなる。

②企業体質の強化

責任と権限が明確になり、担当分野に集中したマネジメントが可能になる。業務遂行手順を明確化することで、引き継ぎも容易に実施できる。

③世界標準の企業ライセンス取得可能

ISO9001を取得すると、全世界に輸出できる。また企業の社会的評価が高まり、ブランドイメージの向上も実現する。

このように、ISOの実施で「企業体質強化」につながり、強固な経営基盤を確立できるのである。

(2) 継続的改善を根づかせる

品質マネジメントシステムとして適切性、妥当性、有効性の継続的改善が求められる。すなわちPDCAを常に監視し、課題や問題があれば対策を講じるマネジメントが重視されるようになってきた。このPDCAサイクルを実現するために、品質

7原則のうち生産段階では次の4つに注力する。

①リーダーシップ

職場のリーダーは、目的と目指す方向を一致させて、従業員が組織の品質目標の達成に積極的に参加する状況をつくり出すことがポイントとなる。現場リーダーは職場の目標を明確にして、アクションプランを講じなければならない。

②人々の積極的参加

組織内で力量があり、権限を与えられた従業員が積極的に参加できる雰囲気を醸成することが求められる。つまり、職場の課題や問題解決のために全員の知恵が必要とされている。

③改善

流出不良ゼロを目指して生産性をアップさせるには、徹底的に改善を進めることである。作業者が日々考え、提案を出すような企業風土をつくっていかなければならない。

④客観的事実に基づく意思決定

データと情報の分析・評価を行い、意思決定することで精度が高まる。このため必要な記録を残し、データ分析(9.1項)することが基本となる。

QMSの規格要求事項はいずれも欠かすことはできないが、管理の程度や方法については組織(事業者)に任されている。ISO9001を上手に活用すれば、経営課題を解決する有効なツールになり得る。

鈴木　宣二(鈴木宣二技術士事務所)

工場長のセルフチェック

1. 組織および密接に関連する利害関係者のニーズや期待について把握できているか。

2. 顧客の仕様に合致し、コスト低減が可能な製品開発プロセスを確立しているか。

3. 工程設計の巧拙によりQCDが決定する、ことを理解しているか。

4. デジタル技術を応用したわかりやすい作業基準書を作成し、教育訓練を行っているか。

5. 流出不良の多くを占めるヒューマンエラーへの対策は十分に行えているか。

6. PDCAを常に監視し、課題や問題があればすぐ対処できるマネジメントを機能させているか。

7. 品質目標の達成に向けて、従業員を積極的に参加させる環境を整えているか。

8. データと情報の分析・評価を行い、客観的事実に基づいて意思決定しているか。

15 改善活動、その伝統と改革

Point	TQM、TPM など全員参加型の改善活動は、日本の得意芸である。その長所を伸ばすとともに、欠点を改めていく必要もある。

1 カイゼンとは

　本来は、職場でのモノのつくり方や設備などを、よりムダ・ムラ・ムリのないように、現場の作業者が改善する活動を改善活動と言う。現在ではその範囲が広がり、職種としても事務・営業・研究部門などに、対象もモノの機能やデザインに関わるところにまで及んでいる。

　普通名詞としての「改善活動」のうち、特に日本的改善活動が、海外では KAIZEN という言葉で表現されているのを逆輸入し、「カイゼン」と呼ばれるようになった。日本的改善活動は小集団、全員参加、自主活動、現場主義、人間尊重などを特徴とする。高度成長を支えてきたと同時に、現在でもなお企業活動に不可欠の位置付けを占めるに至っている。

　おそらくわが国の「QC サークル」がその始まりである。QC サークルは、品質管理活動を一部の専門技術者のみならず、現場監督者を中心に広く現場従事者全員で進めようという主旨で、1962 年に日本科学技術連盟の提唱で始められた。学問としての SQC（統計的品質管理）が日本に来て、全員参加でサークル活動中心の TQC になり、世界に逆発信された。

　日本的改善活動は、旧来の生産管理の考え方や実行方法までをも変えた。種々の議論があるものの、例えばトヨタ生産方式において改善活動が進化を遂げつつ、業績に大きく寄与している事実から見ても、現在もその意義は失われていない。

2 カイゼンの進め方

　カイゼンは日本の製造業の飛躍を支えたとして評価される一方、成果が小さい、継続しない、海外や若い人に通用しにくいという限界もある。進め方を間違えると、いくつかの問題を生む。そこで、どういう問題があるか、それにどう対処すべきかという視点から、その進め方について解説する。

（1）カイゼンの問題点

　問題の多くの原因は次の 3 点に集約される。

　まず第 1 に現場を中心にして行われることから、生産現場の実態・現象や、現場の人の経験・発想を重視する。このため、品質、設計など固有技術に関わるような改善は取り上げられにくい。

　一方、いわゆる専門技術者による技術革新は改善活動とは言わず、むしろ対極に位置づけられる。本来は現場のカイゼンと「or」の関係でなく、「and」であるべきだが、別々に活動されることが多い。

　第 2 に、改善活動は自主活動であるから基本的にはボトムアップ活動である。そのため、個人の好みが優先され、ベクトルが統一されない活動になることが多い。また、到達可能な低い目標になる場合が多い。

　そして第 3 に、企業集団主義を前提としているため、個人主義が基本の海外や若い層には受け入れられにくい。

（2）進め方

①トップダウンで総合目標を具体的数値として明示

　トップ（工場長）の基本的姿勢として、「現場の

図1 改善活動における管理サイクル

図1　改善活動における管理サイクル

・組織、運営方法の決定
・現状分析
・目標の設定とブレークダウン

・方針、目標の修正
・改善案の見直し

・全体計画の評価
・個別改善案の評価
・進捗状況の評価
・個人業績の評価

・問題テーマの発掘、特定
・改善案の収集と分類
・改善案の選択と実践

図2　目標をブレークダウンした一例

・現状：△日
・目標：○日以内
・基準：メイングレード

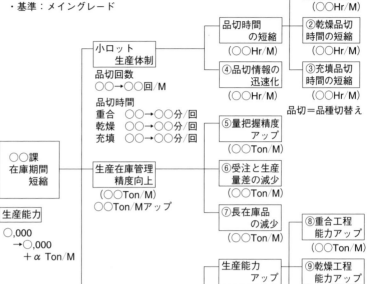

品切＝品種切替え

表1　カイゼンの改善

項　目	伝統的な改善活動	進化した改善活動	コスト開発
目　標	現状をベースにした比較的実現可能な目標を設定	トップダウンで「あらねばならない目標」を設定	トップダウンで「あらねばならない目標」を設定
問題意識	現場の問題点をできることから着実に取り除く	現場的改善だけでなく、固有技術、管理技術を総動員して、「根元断ち」をする	設計開発段階から目標コストをつくり込む
取組み方	基本的に職場の自主活動	管理された改善活動（管理サイクルを回す）	プロジェクトチームなどで活動
コスト対象	直接製造コスト	間接費を含む製造コスト	ライフサイクル・コスト全体
参加者	主として製造工程	製造現場のみならず、研究・営業・事務部門などを含める	製造・研究・営業・事務部門などのプロジェクトチーム
活　動	主として小集団活動による	小集団をベースにしつつ、組織全体で取り組む	プロジェクトチームなど全体で取り組む
手　法	IE、QC7つ道具、5S、ポカヨケ、改善提案などの管理技法・手法	MAP法、TPマネジメント、TQM、TPMなど全方位的な管理思想を活用	あらゆる技法を駆使、固有技術も駆使
継続性	一過性のことが多い	目標管理など制度化によって継続させる	プロジェクト単位

（出所）『日本生産管理学会第24回全国大会講演論文集』、125ページより

4
生

産

努力を無にさせない」という思想が重要である。ここで「無にしない」ということは、社長も脱帽するような大きな成果を生むことを示す。そのような成果が出てこそ現場の努力は評価され、現場の人も成功体験を味わうことになる。

また、目標は明確で、かつトップ自らが自信と責任を持って示すものでなければならない。改善活動は自主活動だということで、目標設定すら任せっぱなしにするケースがあるが、これでは組織化が図れない。

目標は、現状をベースとした目標でなく、できるだけ大胆な目標を設定して進める。

方針は企業理念、社長方針、中期計画などと連動したものでなければならない。全社がそれらを中心に回っている以上、工場としてもその一環を担うという考え方である。

②きっちりした管理

改善活動の欠陥の共通原因は、やらせっぱなし、ノーコントロールということに集約できる。したがって対策は、改善活動を通常の業務と同じく、正しく「管理」することに尽きる。

改善活動を管理するとは、具体的にどのようなことを行えばよいか。PDCAにおける各段階の必要項目を図1に示す。特にPにおける目標の設定は、先に述べた通り活動の成否を握る最重要項目である。

③総合目標を分解・細分化

部門別、個人別テーマを構築し、かつ全体のネットワークをつくり上げる。個々の改善が努力の賜物であったとしても、ベクトルがばらばらでは総合力にならず、したがって「大きな成果」にならない。逆に、大目標（工場）の下に中目標（課）があり、それが小目標（個人）にまでブレークダウンされているような全体の構造図が描けていれば、個々のテーマの成果は小さくても、全体では総合力が発揮されることになる。図2はその一例である。

④改善案の出し方

例えば、根本対策か当面対策かなど改善案の出し方についても、やらせっぱなしでなく、指針を示した方が効率的である。

ちなみに、中期計画では根本対策を取り上げ、

「カイゼンの改善」実例

本文および表1に示したように、伝統的な日本的改善活動の限界を改める試みがなされている。一言で言えば個別改善からトータルな改善活動にすることであり、TQM、TPMもその一例と言える。それら以外では、「TPマネジメント（総合生産性マネジメント＝Total Productivity Management：T-PM）」がある。その考え方を以下の表に示す。これは1985年に公表されたものであり、総合的改善活動の先駆と称されている。

ステップ	従来のマネジメント	これからのマネジメント
総合目標	精神的で具体策に結びついていない	全体目標を明確に打ち出す
目標展開	横並び的	重要順位に従い展開
個人目標	自己設定、申告	トップダウンによる重点目標に従う
施策(方法)の選定	自分の担当する狭い範囲内で選定	源流にさかのぼった一貫性のある施策
生産性向上	小集団活動・ボトムアップ中心	トップダウン中心、ボトムアップと融合
総合成果	個別成果の積み上げ	高水準で確かな成果、継続的

T-PMの考え方

そのために必要な予算も準備する。短期計画なら当面対策を6カ月以内にやるというような使い分けができる。

「大きな成果」を得るためには、現場ノウハウだけでなく、固有技術も重視し、また間接部門への展開も図る。

⑤定着化

改善活動を推進する人の共通した悩みは、一過性で継続しないということである。これも同様に、ほとんどの場合において基本目標がないこと、あっても短期的であること、PDCA管理がきっちり行われていないことが原因である。したがって、上記の管理をきちんと行うことで継続が可能なはずである。

どんな方法を採るにせよ、日常の仕事のほかにやる余分な仕事という位置付けでは長続きしない。中期計画であれ、年間予算であれ、オーソライズされた仕事の仕組みの中に組み込まれていれば、崩れることはない。このため、報告などを通常業務と同じレベルで行い、フォーマット類も整備する。

以上のまとめを**表1**に示す。

(3)具体的なプログラムの例

上に示した各事項を総合的にまとめ、1つの実行プログラムに組み立てたものとしてはTQMやTPMが有名だが、ほかにもいくつかの試みがあ

る。代表的なものを挙げる。

①総合生産性マネジメント

T-PM（Total Productivity Management）とも呼ばれる経営・管理思想で、改善や利益増大の効果を、部分最適でなく全体最適にすることを基本的な目的とする。

②理想目標管理

1980年代にTDKによって開発された。目標設定において現状を出発点とするのでなく、競争による下落を見込んだ売価、またあるべき利益率から算出される数値とし、これを理想目標原価とする。

③理想原価

原価は、基本機能原価と補助機能原価とロスとからなるので、例えば補助機能原価は50％、ロスは100％低減するとした値を理想目標原価にする。技術段階（企画段階）と製造段階とに分けて考える。

④コスト開発・コストハーフ

10〜20％程度のコストダウンでなく、50％のコスト低減を実現しようという目的で取り組まれる。コスト発生分析、技術開発重視、開発段階からのあるべきコストの設定と、つくり込みを特徴とする。

島　雄（島コンサルティングサービス）

4
生

産

工場長のセルフチェック

1. 自らのビジョンをベースにした組織目標、総合目標を提示しているか。

2. 目標は飛躍的で、具体的で明確か。

3. 目標は経営理念、社長方針に即しているか。

4. 総合目標を中、小、個人目標にまで分解し、かつ全体のネットワークに組み込んでいるか。

5. きっちりしたPDCAによる管理を回しているか（やらせっぱなしになっていないか）。

6. 製造現場だけでなく、幅広い部門に展開しているか。

7. 目標管理などを使って仕事の一環として取り組み、一過性にならないような運営をしているか。

8. TQM、TPMなど目的に応じた各種技法を巧みに利用しているか。

16 頭で理解する 5S から行動する 5S へ

> **Point** 整理・整頓は生産性向上、品質改善、安全管理などすべての生産活動の基本である、と言われながらも現場は汚い。なぜだろう？

1 5Sとは

5Sとは「整理・整頓・清掃・清潔・躾」のことで、言うまでもなく各ローマ字の頭文字をとったものである。しかも、5Sが生産性向上やコストダウン、品質管理、安全管理、環境管理と、何をするにしてもその基本であることは、社長から現場の第一線まで誰もが理解している。それにもかかわらず、どこの事務所へ行っても、工場を見ても汚れて乱雑である。

なぜ、こうなるのか。それは5Sの定義や、なぜやらなければならないのかを頭で理解しているだけで、行動に結びついていないからだ。

では、行動する5Sとは何か？ **表1**を見ていただきたい。

2 5Sの進め方

ただ掛け声だけに終始するのは最悪の進め方で、きちんとPDCAサイクルを回して欲しい。

(1)方針を決める

5Sだから、やって当たり前だからと軽く考えてはいけない。1つの組織改革をやるくらいの気持ちで取り組む。そのようなトップの決意が大前提だが、もちろん管理者や監督者の意思も態度もそれに呼応しなければならない。

(2)目標を決める

業務の1つである以上、毎年の売上げや生産量、利益などの目標を決めるのと同様に、5Sも目標を明らかにする。

まずは、自分の職場の5Sがどの程度のレベルにあるかを知る。昨日よりは頑張ってきれいにし

た、などと自己満足していては大変だ。世の中、上には上があり、お座敷工場と呼ばれるような、靴を脱いで歩いても靴下が汚れない現場がある。

次に、現実のレベルをどこまで、いつまでに上げるのか、その目標を決める。目標ははっきり、わかりやすく。そのためには、**表2**に示す段階評価を利用してメルクマール(里程標)を決めるのもよい。5Sそのものが目標になることもあれば、ほかの目標(生産性向上や品質改善)の手段になることもある。

次に対象を決める。一般的には例外をつくらず、全社あるいは全工場いっせいに取り組むのが理想だが、初期の段階では一部の職場をモデル職場とする方法もある。よく研究部門や営業部門を除くことがあるが、原則的には全部門いっせいに取り組む。一部を除くと、必ず易きに流れる。服装の5Sもここに含める。

(3)実施

実施は原則として全員参加、自主活動で行うが、自主活動といっても任せっぱなしではダメだ。仕事と同様の意識で指示も行い、叱るときは叱る。いろいろな手法があるので、それらを効果的に使うとよい。

①整理(要らないものを捨てること)

「赤札」が有効。定期的に職場を巡回して、不要と思われるものに赤い札(荷札)をつける。1カ月後に巡回して、捨てられたかどうかをチェックする。不要かどうか迷ったときは黄色札とし、例えば3カ月の猶予を見る。その際、記録を必ずとっておく。

不要でないものについても、今日(毎日)使うもの、明日(毎週)使うもの、来月(毎月)使うものな

表1　行動の5S

整　理	要らないものを捨てること
整　頓	必要なものが、必要な時に、すぐ取り出せること
清　掃	機械や道具の点検をし、異常を発見すること
清　潔	機械や床を、自分で塗装すること
躾	5Sが仕事の一部になっていること

表2　5Sの段階評価

段階	状　況	次への課題
1	床にゴミ、工具、部材が散乱しており、機械にはホコリがたまっている	床の整理と清掃、機械の手入れ
2	床には不要物がなく、清掃されているが、歩行区分がはっきりせず、棚は乱雑なまま	通路の明示、棚の整理
3	通路が明示され、設備は清掃されているが、棚の整理がもう一歩	棚の完全な整理・整頓
4	作業場の区画が明示され、棚も整理されているが、表示類（どこに何があるか）がまだ不完全	棚、置き場などの明示、工具や部品などを表示通りに整理
5	棚の表示も明確で、きちんと守られており、いつでも整理・整頓が維持されている	汚染、乱雑の根本原因の一掃
5 ⁺	汚れる原因がなくなり、工場全体がピカピカしている	ピカピカ状態の維持

どと分類をして保管する。

多くの場合、捨てることには抵抗が伴う。また、捨てたときに限って必要になることがある。しかし、「何とかなる」という気持ちで捨てていかなければ思い切れない。

②整頓（必要なものが、必要な時に、すぐ取り出せること）

「目で見る管理」における定置表示（例えば、工具類の形跡板など）が参考になる。

表示と色別は、ものの置き場所明示に欠かせない。表示のコツは、きれいに大きく描くことである。色はひと目で分類がわかるように、原色を使う。字ではなく、記号や絵文字、シンボルなども使う。

(4)進度をチェックする

定期巡回により行う。メンバーは、外部コンサルタントや他職場の管理者とか事務局を主にする。5Sレベルを採点するなど、進度管理のための道具としては次のものがある。

①段階評価：表2を参照してほしい。

②チェックシート：通路は明確に区分されているか、などのチェック項目について5点法で採点する。どの職場でも、通路→平面→壁面、目に見えるところ→見えないところ、と進むのが普通なので、それを意識したチェックシートにしておくとよい。

③定点撮影：ある定点を選び、たとえば1カ月ごとに写真を撮り、張り出しておく。

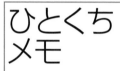

アタマを変えよう

ある食品工場での例である。コストダウンのコンサルティングを依頼されて行ってみると、食品工場にしては汚い。仕掛品が通路を占領し、機械には粉が積もり、床のペンキもはげている。たまたま工場長が長欠して、筆者が代行を依頼された。何よりもまずは5Sと、1週間かけて大掃除と整理を実施。仕掛りの山だった場所がすっかり見違えるほどきれいになり、卓球台2，3台は置けるスペースとなった。

商談に来られたお客様が、工場を見てびっくりした。「何があったのですか？」と。

それに答えて社長は、「アタマが変わりました」と言い放った。

てっきり頭の中身、すなわち考え方が変わったという意味だと思ったら、「リーダーが代わりました」という意味だった。

教訓。5Sが進まないときは、「アタマ」を変えてみよう。

	大　項　目
1	通路
2	道路・緑地・空地
3	床（ゆか）
4	原材料・製品
5	機器
6	工具・保護具・掃除用具
7	備品棚
8	更衣室
9	机・作業台
10	表示
11	建物・構築物
12	窓・壁
13	書類・ファイル

5Sチェックシート大項目の例

	小　項　目
1-1	作業場と通路が明確に分かれているか
1-2	通路にモノが置かれていないか
1-3	通路区分のペンキがはげていないか
1-4	油や水などがこぼれていないか
1-5	ゴミやボルト・ナットなどが落ちていないか

5Sチェックシート小項目の例

(5)アクションを起こす

進度が目標よりも遅れている場合は、原因を冷静に考えて対策を立てる。この場合も、精神論のみに傾かない工夫が必要である。

(6)事務局が頑張る

ほかの改善活動と同様、芝居での黒衣、宴会での幹事の役割をする事務局の頑張りが大きく影響する。

いっせいの掃除時間や清掃週間を設けたり、発表会や表彰をしたり、広報活動を行ったり、ミーティングの段取りをするなど忙しい。

3 5Sに失敗する原因

(1)職制によるひと通りの指示だけ

最も多い失敗の原因である。指示のしっぱなし、中間職制が納得しないままスタート、方法論がなく号令のみ、というケースが見られる。

(2)形式的でマンネリ化する

本来、5Sはやって当然の地味な仕事である。刺激が少なく、方法もマンネリ化しやすい。そこで、常にレベルアップを図る刺激や仕掛けが必要である。ここでも、事務局の知恵と頑張りが決め手になる。

(3)熱心な職場や監督者だけが浮き上がる

例えば研究、本社、事務部門などには、「5Sは製造がやるもの、製造以外はやってもムダ」という意識がトップを含めて存在する。例外をつくれば、必ずそこへ右にならえする。

(4)性急な成果を求める

少々のごまかしやつまずきがあっても、長い目で見ながら支援する。逆に、少し成果が上がるだけでウキウキするのも禁物だ。いつかは頭打ち状態に陥る。

(5)外部の力を活用しない

外部専門家の指導を得る方が効率的である。外部からの圧力を利用する効果は決して小さくない。

(6)継続的なチェックを怠る

5SのPDCA、特にCやAが不十分であると、一時的に成果は上がっても継続しない。

(7)事務局や職制自身が5Sを怠ける

現場からの信頼を失うだけである。自らの足元から5Sを進めていこう。

島　雄（島コンサルティングサービス）

工場長のセルフチェック

1. 机の上、引き出しの中でファイルや事務用品が乱雑になっていないか。

2. 工具類は置き場が決まっており、表示され、そこに必要な数がそろっているか。

3. 機械に油漏れはなく、ホコリが付着していないか。

4. 床の通路区分や原料・仕掛りなどの置き場が明確になっているか。

5. 置き場をはじめ、表示類ははっきりと大きく目立っているか。古い表示が残っていないか。

6. 機械や建物の塗装はいつもきれいか。

7. 1～6のことがいつも守られ、守られない場合はお互いに注意し合っているか。

8. 点検は定期的に行われているか。抜き打ち点検でも問題はないか。

4
生

産

17 部下を元気づける目標管理

> ## Point
> ノルマを課すよりも、むしろ業務のレベルを上げ、部下の成長と業績の向上が一緒になってスパイラルアップできる目標管理を試みよう。

1 はじめに

従来の日本型経営を支えたマネジメントスタイルは、生産現場の労をねぎらう一方で、調整的な指導や支援によって、結局は和と協調の精神を重視するものであった。その中で労務管理では、集団のルールや約束事によって和と協調の精神を維持するという考え方が支配していた。これには、チームワークを最重視する生産現場の特性に加えて、終身雇用制度への依存や企業内労働組合との共存関係も色濃く反映していたと思われる。

今日のグローバルな競争環境下にあっては、従来の労務管理の改善ではなく、新しい視点に立った人事管理が提唱されている。その1つが、業務遂行における実績評価と業務遂行に必要な能力評価を重視する、目標管理である。

2 目標管理テーマの設定

何を目標管理テーマとすべきか。それは経営問題としての、生産現場における解決困難な課題から設定されなければならない。従業員のボトムアップ的なやる気、生きがいや働きがいに依存するようなレベルのものではない。工場長が自らの工場経営の理念に基づき、事業が直面する外的環境や顧客ニーズの変化、自工場の強みと弱み、事柄の緊急性と重大性を踏まえ、生産現場に対して経営課題を明確に提示し、その解決につながる目標管理テーマを設定させる。

目標管理テーマの設定は、工場経営全体の視野から全体最適を目指さなければならない。細部について各部門が自主的に設定するために、全体を眺めてみると部分最適になっているケースは多い。工場長としては、人の配分、経費、投資については、やむを得ず犠牲となる部門を容認しつつ、工場経営にとって重要な工程に傾斜配分する決断が求められる。

工場の生産活動が、A～E工程までの1つのシステムであるとする。図1で数字は工程別の生産性を示すが、工場全体の生産性は各工程の生産性の平均ではなく、ボトルネックになっているC工程の30になる。この場合は、ボトルネックのC工程に資源を重点配分する方針をとるとよい。

3 目標管理テーマの実績積み上げと支援

現場で働く人が、仕事を改善していくアイデアや知恵を一番多く持っている。目標管理の核心は、この現場の力をいかに活かすかである。部下のじゃまをせず、部下が持てる力を存分に発揮できるようにリードしてやる。

部下をコントロールし、抑え込み、必要な情報を与えない、部下にまとわりついて監視するようなやり方は、もはや論外である。

しかし、テーマ達成の実績を積み上げることに工場の命運がかかっている。実績積み上げのための進捗管理と支援の手を緩めるわけにはいかない。運用に際して注目すべき点を以下に記す。

第1に、目標管理テーマを設定するにあたって、「標準業務手順書」を職種（製造、技術など）、工程ごとに作成する。作成時には、過去に実績を上

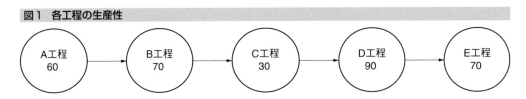

図1　各工程の生産性

A工程 60 → B工程 70 → C工程 30 → D工程 90 → E工程 70

図2　目標管理・標準業務・評価・人材育成の関連

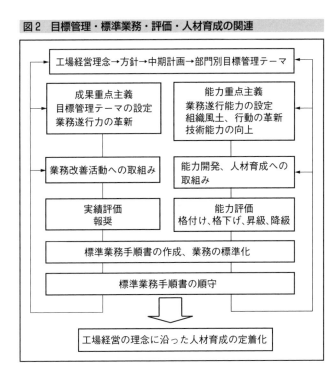

工場経営理念→方針→中期計画→部門別目標管理テーマ

成果重点主義
目標管理テーマの設定
業務遂行力の革新

能力重点主義
業務遂行能力の設定
組織風土、行動の革新
技術能力の向上

業務改善活動への取組み

能力開発、人材育成への取組み

実績評価
報奨

能力評価
格付け、格下げ、昇級、降級

標準業務手順書の作成、業務の標準化

標準業務手順書の順守

工場経営の理念に沿った人材育成の定着化

げた優秀な人の仕事ぶりを想定して、業務ステップごとに基本業務を設定し、具体的なアプローチ方法、リスク対策などを明確にする。目標管理のテーマが「標準業務手順書」のどの部分に該当するか、具体的に誰の目にも明確になるだろう。これによって、部下との間に問題解決のための土俵を共有化することができ、人材育成にもつながる。

第2に、目標管理テーマの狙い、具体的な実行計画について、面談をしてパソコンの画面上でまとめさせる。その後の進捗状況についても画面上でまとめさせる。

第3に、パソコンの画面は社内ネットを通じて、誰でもアクセスできるようにする。

第4に、進捗状況をにらんで、随時上司は必要なコメントを画面上に記入していく。

第5に、目標管理が目的とするところは達成度の管理ではなく、達成プロセスの管理である。プロセスをしっかり抑えれば、おのずと目標は達成されるはずである。

第6に、「報・連・相」（報告、連絡、相談）が

うまく機能する職場をつくれば、運用の潤滑油となる。

・「報・連・相」の基本は人間関係であり、仕事上の役割、責任、権限を明確にする。
・「報・連・相」を効果的に行うには、工場長の関心事が何であるかを日常的に明確にする。
・部下は常に上司の働きかけを待っている。
・良き聞き手となり、途中で話の腰を折ることや、一方的な意見の押し付けは無用である。
・話の流れの中に相手の感情を読み取る。部下は理屈だけで動いているのではない。
・話にはその都度、結論を出す。

4 テーマからの成果をダイレクトに評価へ反映

従来、日本人の優れた特質である自主性や協調性に依存するあまり、「従業員に何を期待し、何をいかに評価して処遇するか」という、基本的評価の問題が先送りされる傾向にあった。新しい目

ひとくちメモ
標準化は守るため、変えるため
——生産現場の視点から——

　管理のない生産はあり得ない。目標管理の基本は、「業務の標準化」を徹底することにあるが、改善の原動力となる「疑う、試す、考える」ことをやめてはならない。何かラインで問題が起こったら、元の状態に戻っても二度と再発しないように、「標準業務」を改善したり、ラインを改造したりすることに考えが及ばなければならない。

　「業務の標準化」は守るためにあると同時に、変えるためにある。「標準業務」に依存し過ぎることが問題なのは、それが現場の現実すべてに対応できるわけではないからである。世の中が進歩し、生産ラインも、流れる製品も進歩する。だから、必ずそれが対応できなくなってくる事態が訪れる。

　そこで重要なのは、自分の頭で変化に臨機応変に対応し、必要ならば「標準業務」も書き換えるという意欲を持った作業者である。しかし今は、現場の作業者が頭を使わない。管理者が頭を使わせない。日本の生産現場の本当の危機はここにある。

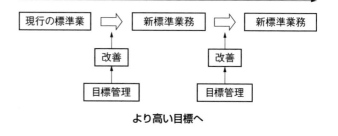

生産能力増、コストダウン、品質向上、安全レベル向上、環境改善など

より高い目標へ

標管理では、成果は業績評価に直結させ、成果を上げればストレートに報酬、報奨にリンクさせる。工場長は、そうした成果と報酬、報奨が一体となった評価をきちんと実行することによって、自らの従業員に対する責任を果たすことになる。目標は達成したけれど、業績評価の段階で明確に反映されないとしたら、従業員のモチベーションが上がらないのは当然である。

しかし、このやり方はドライ過ぎて、あちこちで不平や不満が湧き上がることもある。要はトップがどれだけ責任を持って、明快な「評価の仕組み」を、従業員のために準備できるかどうかにかかっており、妥協は許されない。

5 業務遂行に必要な能力を評価して格付けに活用

終身雇用は崩壊の段階にあるものの、従業員には依然として持続的な能力開発が期待されている。企業の発展は永続雇用が基盤にあるとも言われている。目標管理は業績面だけでなく、能力面にも活用したい。業務遂行に必要な能力を明確にし、その能力は伸長したか、期待のレベルにあるかを評価し、格付けに活かす。肝心なことは、評価される側に対して何のために、どんな能力を評価されるのかが明確になっていることである。

6 人材の選別

目標管理テーマをスピーディーに確実に実現するためには、工場長の経営理念に基づき、経営課題としてのテーマの狙いをよく理解し、自らの思いと力を問題解決に集中できる人材の存在が不可欠である。

　タイプ1：経営理念を共有して、目標を達成している人
　タイプ2：経営理念を共有せず、目標達成もできていない人
　タイプ3：経営理念を共有しているが、目標達成はできていない人
　タイプ4：経営理念を共有していないが、目標達成はできている人

タイプ2は論外であるが、部下にやる気を起こさせるのではなく、強圧的に部下の尻をたたいて業績を上げるだけのタイプ4は、工場にとっては大きなマイナスとなる。やり方を変えないのであれば、辞めてもらうしかない。人間を見る目を鋭く研ぎ澄ますことにより、人材の選別には勇気と決断を持ってあたることが工場長には求められる。管理者としては最も厳しい局面であり、これが乗り越えられなければ、理念に沿った育成は不可能である（図2）。

澤田　弘道（ベルヒュード国際経営研究所）

工場長のセルフチェック

1. 目標は方針を受けて設定されているか。

2. 工場のあるべき姿を明確にしているか。

3. 目標は十分なコミュニケーションを行った結果として設定されているか。

4. 目標はすべての部門に設定されているか。

5. 目標は数値化され、実績の評価ができるか。

6. 目標の進捗を定期的にフォローしているか。

7. 結果を評価し、持続的に業績向上を図るためのPDCAサイクルを回しているか。

8. 目標の達成度を人事評価に反映させているか。

経営戦略につなげていくための資材・購買管理

Point コスト情報を把握し、交渉と改善の両面から大幅なコストダウンを狙い、広範囲で戦略的な購買活動を行う。

市場が飽和し、価格破壊がますます激しくなり、量産や拡販による利益の確保が困難となった現在、資材・購買の努力による利益の創出が一層重要になってきている。工場長の役割としては、資材・購買の努力を含めた総合的な原価低減を狙うことが大切である。

1 責任を持った資材・購買管理を展開すること

購買の基本業務としては、購買方針の決定、購買計画の立案、発注手配、事務処理および購買市場の調査などがある。通常は、資材・購買担当部門として中期（3年程度）計画を立て、年度ごとの重点テーマを決め、購買業務を実施する。

日常の購買業務は、**図1**に示す業務フローにより行われる。購入のポイントは価格決定にあるので、購買担当者には該当する材料、部品の一般的な価格、自社製作の価格などの情報を準備して対応するように指導する。特に高額物件、多量購入品についてはコストテーブルを作成し、対応することが望ましい。

資材・購買管理の全般を見ると、材料計画、材料調達、受入検収、倉庫業務（保管、払出）があり、次の諸機能を合理的に展開しなければならない。このために在庫削減を目的に、物流を中心としたロジスティクス面から総合的に管理する企業が増加している。

(1)材料計画：生産計画により材料所要量を決定する。通常は生産部門が計画する。
(2)在庫管理：常備品の在庫基準を決め、適正な在庫量を維持する。

(3)購買管理：購買方針、購買計画に基づき、購買市場調査、購買先の評価と選択、購買契約、納期管理、購買費用管理、購買のためのVE、購買活動の評価などを行う。
(4)外注管理：副原料、半製品などの製作を、生産の基本条件を満たす外注先に委託し、納入させる。最近はアウトソーシングとして、製品開発を含めた外注が増加している。
(5)倉庫管理：調達品の入出庫および倉庫の整理・整頓を行う。
(6)運搬管理：決められた時間、場所に、できるだけ安価に、素材部品を運搬する。

購買業務は多額の資金を扱う業務であるため、購買部門に対しては適時、業務監査と評価、業務のリフレッシュを行う必要がある。

2 重要度を区分し管理すること（ABC管理）

設備、工事など特に高額の発注品に対しては、個別に検討して発注が行われるが、共通的に使用される部品や材料に対しては、重要度に応じて管理される。**図2**に示す通り、1品目当たり高額のものから順にパレート図を作成し、金額の多い順に全体の10%程度までをAグループ、次の20%ほどをBグループ、残りをCグループとして区分する。

Aグループに対しては、重点管理として一定期間を設定し、その期間ごとに需要量を予測し、在庫量を加味して発注量を決め、補充手配する定期発注方式を採用する。この方式は、発注時期が一定のため事前計画を立てやすく、また厳密な在庫

図1　購買業務のフロー

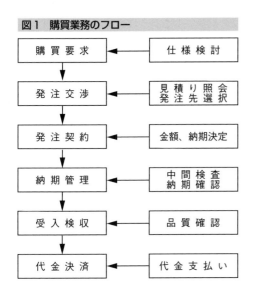

購買要求	←	仕様検討
発注交渉	←	見積り照会／発注先選択
発注契約	←	金額、納期決定
納期管理	←	中間検査／納期確認
受入検収	←	品質確認
代金決済	←	代金支払い

図2　ABC管理の例

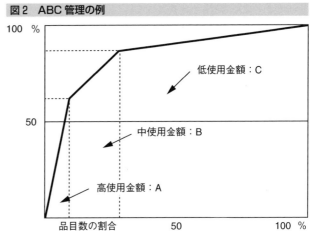

低使用金額：C
中使用金額：B
高使用金額：A

品目数の割合

図3　アウトソーシングしている理由

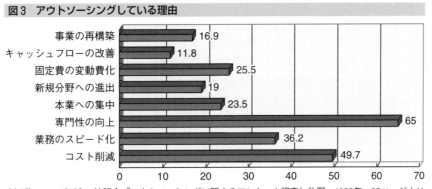

事業の再構築	16.9
キャッシュフローの改善	11.8
固定費の変動費化	25.5
新規分野への進出	19
本業への集中	23.5
専門性の向上	65
業務のスピード化	36.2
コスト削減	49.7

（出所）ニュービジネス協議会『アウトソーシングに関するアンケート調査』牧野、1998年、85ページより

4
生

産

管理を行うので発注サイクルを短くし、在庫量を減少させることができる。

Bグループに対しては定量発注方式を採用する。この方式は発注点方式とも呼ばれ、在庫量が発注点に達したら、一定量を発注する方法である。この方式は発注点で自動的に発注依頼をするため、手配が確実となり、発注の手数が少なくて済む。

Cグループに対しては2重区画システム（A，B2つの箱に分割しておき、一方の箱がなくなったら、この分を発注する方式）のような、簡易在庫管理を適用し、購買コストを節減する。

3 アウトソーシング戦略を立てること

アウトソーシングは、もともとは部品の外注を示す言葉であった。近年は外製化によるコスト削減のみではなく、外部の専門的な知識を有効に効率良く活用することで、自社の目的とする業務に戦力を集中する経営手法の意味に解釈され、半製品あるいは製品の委託加工、さらに開発期間の短縮のために、開発まで含めて外注することが行われてきている（図3）。

アウトソーシングを行う際、外注先の技術力と自社の技術力との整合をとる必要があり、購買、開発、設計、製造の各部門が協力することが必要である。

部品調達の最近の特記的な事項として、モジュール化が挙げられる。部品の発注範囲を大きくまとめた半製品を、その開発を含めてアウトソーシングすることにより、開発期間の短縮と同時にコストダウンを図ることが行われている。

アウトソーシングに伴う下記の問題点を考慮し、対策を考えておく必要がある。

(1)社内機密やノウハウの外部流失
(2)社内における専門性やノウハウの喪失
(3)品質管理や柔軟な対応の困難性
(4)従業員のモラルの低下

4 ネゴと改善によるコストダウンを図ること

発注者が供給者に対して値下げを要請する場合に、ネゴ（ネゴシエーションの略、交渉）によるコストダウンと改善によるコストダウンがあるが、

ひとくちメモ
アウトソーシング活発化の背景とその狙い

アウトソーシング活発化の背景は次の各点にある。
①長引く不況の影響で、本格的に会社経営の形態を再構築しなければならなくなってきている
②自社ですべての業務を行うという発想から、外部に出せるものは出すという発想に変化してきている
③アウトソーサーと呼ばれる外部受託会社が力をつけてきた
アウトソーシングの狙いは、大きく分ければ次の3点である。
(1)総合的な経営戦略
①コア業務への経営資源の集中、②新たな付加価値の創出、③新規事業進出の迅速化、④リスク分散、⑤組織のスリム化、⑥リストラクチャリング　など
(2)外部の専門性の活用
①開発を含めた高度な専門機能の強化、②管理サービス業務の専門機能の確保、③情報ネットワークの拡大、④外部の中立的評価や公平性の活用
(3)経営の効率化

アウトソーシングの狙い
・総合的な経営戦略
・外部の専門性の活用
・経営の効率化

アウトソーシングの背景
・市場の成熟化と不況
・製品寿命の短命化
・自社処理から外部処理へ

アウトソーシングの背景と狙い

いずれの場合にも、双方にメリットがある方向で解決することが大切である。

ネゴによるコストダウンが可能なのは、次の条件がそろった場合である。

(1)継続的取引があること
(2)信頼関係が確立されていること
(3)経済条件、生産条件などの原価構成が明らかであること

この際、購買担当者は次の情報を持って、ネゴに対処することが望ましい。

(1)物価、為替相場の動きと対象となる物件の一般的な価格情報
(2)新製品、新技術の動向
(3)相手企業の業界での評価

改善によるコストダウンは、発注側要因（設計仕様、設計図など）と受注側要因（製造方法、材料取り方法など）の両面から、より安くなる方法を技術的に検討して実施するものであり、次の長所がある。

①原価低減に対して供給側の協力が得やすい（VE 検討などを実施できる）
②景気の変動に関係なく改善はできるので、コストダウンを計画的に行える
③いったん行った改善は新製品に適用できる
ただし、次のような条件が必要である。
○発注者と受注者の信頼関係
○改善のための知識
○改善のための時間

5 広い範囲から購買先を選定すること

できるだけ幅広い範囲の購買先から相見積りを取得することによって、購買先を決定するのが原則である。e コマースなど、インターネットを介した部品調達が多くの会社で行われているが、グローバルな視点から購買先を選定し、コスト削減と同時に購買業務のスピードアップを図ることを実現している。

6 品質、環境、安全面を配慮した購買を行うこと

品質（ISO9000）、環境（ISO14000）、安全面に対する配慮と、これらに関するトラブルが発生したときのリスクを予想し、検討しておくことが大切である。

品質については、特に購入原材料に不純物の混入がないかなど、自社の製品に対する影響のチェックが欠かせない。環境については、グリーン調達や持続可能な成長に向けた CSR 調達などを推進することが、企業として求められている。また安全については、特に自社で使用する機器の購入に際し、取扱い上の注意事項について文書による確認が必要である。

大石　哲夫（大石コンサルタント）

4 生

産

工場長のセルフチェック

1. 購買担当者には、価格情報を準備して対応するよう指導しているか。

2. 重要度に応じ、購買方法を変えて購買管理をしているか。

3. 購買、開発、設計、製造の各部門が協力して購買業務を行っているか。

4. 受入検査、倉庫管理を確実に行っているか。

5. 幅広い範囲の購買先から相見積りによって購買先を決定しているか。

6. 交渉と改善の両面からのコストダウンを考えて、購買活動を行っているか。

7. 品質、環境、安全面を考慮した購買を行っているか。

8. 経営戦略面から判断してアウトソーシングを行っているか。

19 品質はプロセスでつくり込め

Point "基本を見抜く力" と "基本をわきまえた勇気ある行動力" が、品質管理活動を成功に導く。品質管理の基本は顧客満足である。

1 品質管理の変遷

品質管理が科学的になったのは、QC7つ道具にもある管理図からと言われている。管理図は、わが国でも原材料の加工や部品組立の製造現場で、広く活用されている。

品質管理の普及の過程では、「品質管理は製造部門だけの業務である」と考えられた時期もあった。その原因は "Quality" を "品質" と訳したことによる。"品質" では製品との関連が強く、製品の品質は製造部門でつくられるとの狭い解釈から来たものである。しかし戦後、「安かろう悪かろう」の日本製品から、「品質が良くて安い」製品にレベルアップする中で、"品質" の概念も広がり、「製品の品質」に加え、「運送の品質」「商品販売の品質」「医療の品質」「経営の品質」、さらには「行政の品質」が求められるようになった。製品というモノでないサービスにもこの概念が広がり、今やすべてのものや業務に適用されているのが、現代の品質管理である。

2 業務活動の4つの基本的な方法論

さて、組織内で行われる業務活動のアプローチを考えてみよう。これには4つある。

(1)探索や研究的方法：組織としてまったく未知の分野を探求して知識を集積すること。

(2)設計的方法：集積された知識や理論を応用して、それぞれ異なった目的、条件に適用させ、固有のものを組み立て、つくり上げる（製品、サービスメニューをつくる）こと。

(3)管理的方法：(2)項でつくられた "固有のもの" の製造やサービス提供の維持・管理をすること。工場での製造管理をイメージするとよい（定常化された業務管理、販売管理、購買管理など、多くの個々の管理業務がこれに該当する）。

(4)システム化の方法：組織内の機能グループ間の相互関連から、組織全体の有効性やパフォーマンスを改善し、組織効率を上げるアプローチ活動。

先に述べた「運送」「商品販売」「経営」さらには「行政」についても、個々の組織、またどのような小さなグループ内でも、これらの活動が存在する。特に(4)は部門長や経営層で、この任に関する比重が高い。

3 品質管理の狙いは顧客満足

品質管理は、"品質要求事項を満たすことに焦点を合わせた活動" と定義され、その狙いは顧客満足である。顧客が誰かを認識することがまず重要である。

近年「利害関係者」という言葉がよく使われるようになった。組織と利害関係のある人、またはグループ（顧客、購入先、銀行、自治体、情報機関、パートナー、地域住民、組織内の人間など）を指すが、これらすべてを顧客対象と考えることが求められている。一方、"後工程はお客様" という言葉もある。さらに直接の顧客に加え、横方向での間接的な顧客もある。自分にとって顧客とは誰かをしっかりと特定し、(1)から(4)のそれぞれの業務に、顧客の品質要求事項を確実に反映させ、顧客満足のための品質管理活動を展開することが要点

表1　QC7つ道具と新QC7つ道具

	手法名	例　図	使い方と長所
QC7つ道具	グ　ラ　フ		データの大きさ、時系列的変化、データの割合を知ることができる
	特性要因図		特性に影響している要因を洗い出し、系統的に整理することによって多くの要因を一覧でき、関連を知ることができる
	散　布　図		2組のデータの間で、どのような関連があるかを知ることができる
	パレート図		原因や問題点の絞り込みや効果の確認など、活動の重点方向を定めることができる
	ヒストグラム		データのバラツキや規格値との関係を客観的に判断できる
	チェックシート		ある目的のために簡単にデータをとったり、点検漏れを防いだりすることができる
	管　理　図		データを時系列的にとり、工程の安定状態を調べることができる
主な新QC7つ道具	親　和　図		未知や未経験の問題について言語データを使いながら、それらの相互関係を親和性によって仕分けし、解決すべき問題の所在、形態を明らかにすることができる
	系　統　図		ゴールを設定し、到達するための手段や方策を、目的–手段や原因–結果の連鎖で展開し、問題解決のための指針や施策を見つけることができる
	連　関　図		複雑に絡み合っている因果関係を明らかにすることによって、不良や不具合の原因を探索したり、構造を把握することができる
	アローダイアグラム法		計画を進めていくのに必要な作業の順序関係を矢線と結合点で表し、最適な日程計画をつくり、進度管理上の重点を明らかにして、計画の進度を効率的に管理することができる

になる。

　過去に、テレビに映し出された経営者のたったひと言の発言が、広く顧客のひんしゅくを買い、その企業が業界から姿を消してしまった事例もある。

4 品質管理で利用される手法

　(1)従来の手法（QC7つ道具）

　統計的手法が多く活用される。この中で、特にQC7つ道具と新QC7つ道具（合計14の道具）は使いやすく、利用価値がある。業務活動の(1)から(3)のいずれにも活用でき、問題や課題の70〜80％がQCストーリーに沿って解決できる。QC7つ道具は数値化された品質やデータに向くが、新QC7つ道具は数値化できない言語データ（例えば、短文章で表された特性を示した文）に向いている。応用範囲が広いだけに、どのような手法かをあらかじめ知っておきたい（**表1**）。

　(2)システム化で利用される手法（品質マネジメントシステム）

　全体的なシステムモデルとして、品質マネジメントシステムの国際規格（JIS Q 9001、ISO9001）がある。どの業種でも品質の保証で欠かしてはならない要素や仕組みが網羅され、かつ顧客の視点から構築されたものであり、顧客の信頼も得やすく、今後ますます普及し、ビジネス上の利便性を高めていくと思われる。

　このシステムでは各種の記録を求めているが、蓄積された記録がすべて活用できる。またマネジメントレビュー、内部監査、データ分析、是正処置や予防処置などから構築したシステムの継続的改善が図れる。ポイントは、表面的に規格要求を理解するのでなく、規格が述べている本質が何か、組織のどの部分にどのように導入すると組織が良くなるかを、意識して適用することである。

5 品質管理展開上での工場長の役割

　工場長としての品質管理活動展開における7つの役割を以下に挙げる。

　(1)品質方針などで活動の方向を明示し、全員を

ひとくちメモ

試験・測定の信頼性ということ

　一般に、購入した試験装置や測定器、あるいは外部の試験機関で作成された報告書を疑うこともなく信頼する傾向があるが、JIS Q 9001（ISO9001）の「7.6 監視機器及び測定機器の管理」でも、監視および測定することが必要な対象を明確にすることなどを規定している。

　試験装置や計測器で測定された測定値には、種々の誤差が含まれている。この誤差を無視して結果を判断することは危険なことである。

　　　測定値＝真の値＋誤差

　誤差には大きく分けて、「偏り誤差」と「バラツキ誤差」がある。例えば、測定者が計測器で目盛りの間にある指針の読みを切り上げて読むことは、すべての結果が同じ方向に偏っているもので、偏り誤差に入る。バラツキ誤差は測定結果の平均値の両側にばらついている誤差である。あらかじめどのような誤差があるかを知り、また考え得る対応策を考えておくことが必要である。

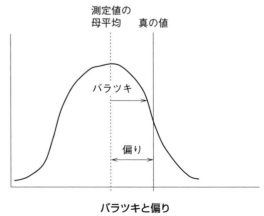

バラツキと偏り

参加させる。叱るより褒める。仕事の自覚を持たせる。活動に集中すると組織力が発揮できる。方針づくりは、工場長の視野を広げ、責任感の源になる。

(2)初めは借り物でも固有技術を育て、組織で共有化しメンバーの力量アップを図る。共通の教育だけでは固有技術は育たない。先に述べた4つの基本的な方法論の観点から、それぞれの業務内容に必要な力量を明確にし、その上で人を育て、自覚させるのが要点である。

(3)活動領域のインプット、アウトプットを明確化する監視や測定機器の正確さや精度を確保する（活動領域内は明確でも、境界があいまいなことが多い）。性善説の強い日本の組織では、組織境界領域の条件の決め方が弱く、そのための追加仕事も多い。"購入した物差しはいつも正しくはない"との認識が必要である。

(4)活動の具体策は到達イメージから導く。記録は使用目的からデータのとり方を考える。目標の定量化を図る。計画に十分な時間をかけると具体的になり、計画は必ず達成できる。計画時に到達時点をイメージし、具体策を出し、効率の良い順序で具体策を配置、展開する。活動の成果には、目標の達成と実施プロセスで得られた業務の改善がある。業務改善は必ず標準化する。

(5)品質はプロセスでつくり込む。結果での監視や検査は付加価値を生まない。物事は原因と結果からなる。問題や課題の原因を追及し、その原因があるプロセスの管理方法の強化（工程で品質のつくり込み）を図る。そして、定期的に決めた管理方法の有効性を確認（妥当性の確認)する。

(6)条件の設定は、影響力の多い因子でなく、頑健性（状況変化に強いこと）のある因子を選ぶ。品質に影響のある因子だけの条件設定ではバラツキも大きく、安定しない。製造時や提供時で、品質変動が少ない因子を選択し、制御因子とする品質工学の考え方を活用する。

(7)発生したクレームや不適合では2つの処置を施す。すなわち、①不適合の除去、②再発防止の処置にこだわる。再発防止の処置策で、指導や教育のような処置は真の再発防止処置でない。システム化し、標準化できて初めて再発防止処置になる。

甲斐　山里(ISO＆生産技術コンサルティング)
島　　雄(島コンサルティングサービス)

工場長のセルフチェック

1. 品質管理の基本が「顧客満足」にあるという認識を自ら持ち、部下に徹底しているか。
2. ISO9001 などの品質マネジメントシステムを確立しているか。
3. 品質方針などで活動の方向を明示し、全員を参加させているか。
4. 検査に頼らず、品質のプロセスをつくり込んでいるか。
5. QC7つ道具、新QC7つ道具とは何かを理解し、部下に指導しているか。
6. QC7つ道具、新QC7つ道具を日常的に使いこなしているか。
7. 問題の解決でQCストーリーを使いこなしているか。
8. 発生したクレームや不適合に対しては、原因を追及し、的確な再発防止策を講じているか。

4
生

産

20 設備・保全・製造の三位一体で進める設備管理

Point　設備管理は、P（生産量）、Q（品質）、C（コスト）、D（納期）、S（安全・環境）、M（意欲）を生む源であり、設備・保全・製造の各技術者による三位一体の活動から成果が生まれる。

1 生産活動と設備管理

設備管理とは、「生産活動上要求される目的を達成するために、設備の企画・計画・設計・製作・試運転・量産・保全を経て廃棄に至るまで、設備の生涯を通じて行われる設備の開発や有効活用のための一連の活動」を言う。

工場の生産活動は、人、設備、原材料を投入し、要求される P（生産量）、Q（品質）、C（コスト）、D（納期）、S（安全・環境）、M（意欲）を達成することである。設備管理は、かつて「故障のない状態を維持する」というイメージが強かったが、本来は PQCDSM の達成のために、設備の機能・性能を最大限に発揮させるものでなくてはならない。

2 工場設備管理のあり方

設備の企画・計画段階では、全社一体となり、必要な生産量や品質に合わせた設備取得の取組みがなされる。この段階で設備の基本条件が決定されるので、全社の総合的な経営や設備管理の力量が問われる。

工場における設備管理は、この決定に沿っていかに効果的に設備を取得し、運用するかが重要視される。工場における設備管理は、設備技術者や保全技術者、製造技術者の協力の下に進められなければならない。

設備管理とは、この3者がそれぞれの専門性を伸ばしながら、かつお互いの複合領域を持ち、自社独特の固有技術を伸ばしていくための仕組みづくりと言える（**図1**）。

3 生まれの良い設備が基本

生産段階におけるコスト、またトラブルの要因は7～8割が開発や設計段階で決まると言われる。設備管理上の必須条件である、生まれの良い設備を取得するための基本的な事項を挙げる。

(1)現場に強い人づくり

設備に強い製造マンづくり、これと裏返しの現場に強い設備技術者の育成が求められる。設備技術者の主たる役割は先端技術の導入であるが、自社の生産工程や製品の特性などを知らずに適切な導入は難しい。設備技術者は往々にして、得意なことは大いに進めるが、意に介さない事柄には目を向けないという傾向を持つ。現場に目を向けることは地味で根気を要するが、その重要性を認識させる環境づくりと業務の進め方が肝要である。特に入社初期の段階が重要で、そのための教育や伝承などの仕組みが求められる。

(2)設計レビューの着実な実施

設計に限らず仕事の成果は、基本的には個人の力量に依存するが、個人の力には限界がある。衆知集約によるバックアップがそれを補う。

基本設計の完了時点などにおける設計レビュー（設計の妥当性の吟味）が、その代表である。

設計レビューの狙いは、具体的事例に対して関係者の経験や製造・保全上の要求事項を提供し、効率の良い設備を取得することにある。

さらに、開発期間の短縮を狙ったコンカレントエンジニアリングの重要性も叫ばれているが、その場合、逆に設計の同時進行などに伴う意思疎通の欠如も懸念される。設計レビューは意思疎通の

図1　設備管理のあり方

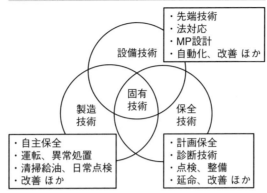

設備技術
・先端技術
・法対応
・MP設計
・自動化、改善 ほか

固有技術

製造技術
・自主保全
・運転、異常処置
・清掃給油、日常点検
・改善 ほか

保全技術
・計画保全
・診断技術
・点検、整備
・延命、改善 ほか

図2　保全の関連図

保全予防（Maintenance Prevention）
・保全活動から得られた技術やノウハウを新たに設備設計に折り込む

予防保全（Preventive Maintenance）
・劣化予防のために日常的な保全活動を行う
・適正な周期を定め、修理などを行う

改良保全（Corrective Maintenance）
・寿命延長対策や費用低減対策を行う
予知保全（Predictive Maintenance）
・設備の診断結果に基づく修復をする

欠如防止の役割も担う。レビュー実施の効果は、短期的には対象とする設備の効率的取得に限定されるが、長期的には関係者の教育の場ともなり、体質強化につながることを重視したい。

（3）MP設計の仕組みづくり

MP設計は、後述の保全予防の考え方に即したものである（**図2**）。

自社の経験を技術として蓄積・活用することであるが、なかなか機能しないのが実情である。

技術情報などの作成は、次の3段階からなる。

・事例や生データの収集
・現象の原理解明と対処する考え方の整理
・先端技術導入も含め、技術標準として作成

事例や生データを回覧することで事足れりとしている実態も見受けられるが、それでは情報は活かされない。製造・保全・設計各部門の役割分担を明確にした仕組みづくりと、粘り強い取組みがMP設計を機能させるカギを握る。

4 設備保全：設備機能の維持・向上

設備取得後は、設備機能の維持・向上が重要課題となる。設備取得において主役であった設備技術者に代わり、保全技術者と製造技術者とが主役を担う。設備保全の意義は、設備が故障する前にその劣化を知り、事前に手を打つことにあり、予防保全、改良（予知）保全、保全予防の展開によって実現を図る。これらの関連を図2に示す。

TPMは、設備の機能や性能を最大限に発揮させることに着目する、設備管理をも包括した工場を挙げて取り組む総合的生産性向上の技法である。その中でも、自主保全活動および計画保全の推進が、全社的な設備保全のベースとなる要素として位置づけられている。

（1）自主保全

自主保全とは、日常身近に接し設備のことを一番知っている、運転に携わる人々が、予防保全の一端を担う活動である。

TPMでは、5Sを基本に、「不具合個所の抽出→点検困難場所対策→故障解析と対策」のステップを順次進め、最終的には「自ら保全基準を設定し、維持管理を自主的に進める」ことを目標にする。

自主保全では、清掃・点検・給油の習慣化など、まず現場の姿勢の改善が求められる。

TPM的問題解決の考え方

TPMでは行動の起こし方のレベルアップを大事にしている。すなわち、事後保全を予防保全に、さらに改良保全から予知保全へと段階的に行動を進化させ、故障や不良の低減を目指す。

例えば「ゴルフの腕前を上げる」という課題解決では、①予防：スコア120などの異常な状況をなくして常に100を切る対策を立てる、②改良：スイングを改良して目標スコア90のレベルにする、③予知：常にスイングをチェックしてその状態を維持する、ことによってハンディの向上を目指す。

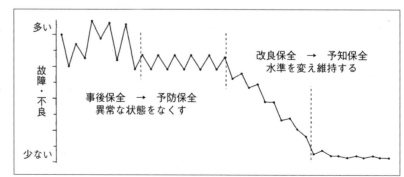

（出所）長田貴『ものづくり改革のためのTPM』日刊工業新聞社、52ページを参考に作成

しかし、その本来の目的は製造マンの育成にある。自主的な維持管理の推進のためには、ただ現場改善を進めるだけではなく、設備の基本的な機能や構造の原理・原則に関する理解がなくてはならない。現場作業のステップは、その理解のための実践である。

製造マンが設備に対し、十分な理解力を得た上で設備の保全は自分たちの業務の一環である、との意識を持つことを求めているのが自主保全活動であるが、一朝一夕にはでき上がらない。根気の要る指導が必要である。

(2)計画保全

計画保全とは、「保全カレンダーに沿った保全をすること」である。保全カレンダーは簡単には完成しない。

TPMでは、「保全情報の整理→総点検と劣化の復元→故障分析と改良保全→劣化予知と未然防止」のステップを経て、自社の状況に合致した「設備の総合管理」の定着を目標にしている。

自主保全の活動が現場マンの育成であるのと同様に、計画保全の活動は保全技術者の育成の場である。故障分析の段階では、経験的な見方の多い保全マンに、それ以前のステップで得た知見をベースに、原理・原則でものを見ること、論理的かつ技術的な原因追及の習得を求めている。

さらに、設備設計が普遍的な技術の導入であるのに対し、保全技術はその工場特有のものが要求される場合が多く、設備の使用負荷などでは冷却水の性状（溶解成分）によっても、保全の対応は変わる。状況に合わせた幅広い知識が求められる。

設備保全の主役である保全技術者の業務は、現場の補修作業から保全計画業務まで多岐に渡る。しかも緊急対応などで、多忙な中で仕事を進める。自分のペースで業務を進めにくい面があり、そのため、設備診断技術開発などの長期的な目標を見失う危険性を持っている。この観点からの日常的な指導やバックアップが必要である。

5 S(安全・環境)はQCDと並ぶ 重要な位置付け

生産活動の主体がQCDにあることは間違いない。コストや品質の競争に打ち勝つことが企業存続の条件である。しかし、企業を取り巻く状況は変貌しつつある。火災爆発や労働災害などの発生は企業イメージのダウンを招き、結果として企業の発展を阻害する。一時話題となった石綿に代表される健康被害のごとく、地域住民まで巻き込んだトラブルが発生している。CO_2排出抑制に関する問題にも無関心ではいられない。

企業は従業員や地域住民に、S（安全・環境）に関する取組みについて説明する責任を負う。

Sは設備管理において、QCDにも増して重要な位置付けであることを再認識したい。

今林　幹雄（労働安全コンサルタント事務所）

4
生

産

工場長のセルフチェック

1. 設備管理上の工場目標を明確に指示しているか。

2. 工場目標を達成するための、設備、保全、製造部門の役割は明確になっているか。

3. TPMに対する評価や考え方は明確か。

4. 設計、保全、製造技術者のローテーションを考えているか。

5. 設計レビューやMP設計の仕組みづくりを推進しているか。

6. 自主保全の進捗状況を、現場で確認しているか。

7. 保全の長期的な目標の達成状況を把握しているか。

8. 安全・環境面の配慮に手抜かりはないか。

21 環境マネジメントは仕組みづくりから始めよう

Point 環境法令を順守するのはもちろんのこと、グリーン調達や使用禁止物質について顧客から提示されるようになった。事業継続に向けて、環境マネジメントシステムの定着を図らなければならない。

1 地球温暖化の影響

国内では大型台風や異常気象により、河川氾濫が全国でたびたび発生するようになった。また世界を見渡しても、大型ハリケーンの襲来や乾燥による山火事が米国や欧州で頻発し、その規模は年々拡大している。また、雨が降らない地域は砂漠化がますます進んでいる状態である。

これらは、いずれも温室効果ガスである CO_2 の影響と言える。世界中の人々の生活が豊かになるに従い、CO_2 が急増している状態である。これを防ぐため、2021 年に COP26 パリ協定が締結された。グラスゴー気候合意として「世界の CO_2 の排出量を 2030 年に 2010 年比で 45％削減し、2050年頃までに実質ゼロにする」合意がなされた。日本も、2050 年には脱炭素としてカーボンニュートラルの目標を掲げており、スタートが切られている。

2 環境問題の課題と対応は

(1)省エネルギー法の改訂

省エネルギー法は 2022 年に改訂された。これは、脱炭素化によりカーボンニュートラルを実現させるための施策で、以下が推進課題となる。

①化石エネルギーから非化石エネルギーに転換
②再生エネルギーの導入促進
③安定的エネルギーの確保

(2)企業としての脱炭素に向けた取組み方法

2050 年の脱炭素化に向けて、政府は動き出している。例えば炭素税の設定が挙げられる。炭素税は石油、石炭、天然ガスなどの化石燃料に炭素の含有量に応じて税金をかけ、化石燃料などを利用した製品の価格を引き上げることで需要を抑制し、CO_2 の削減を狙うものである。そこで、サプライチェーンを含めた対策が必要になってきた。

このような脱炭素を実現するためには、次のような手順が必要である。

①現状把握（排出している CO_2 量の把握）

サプライチェーン全体を考慮したカーボン排出量の把握を、以下の視点から行う。

○ Scope1：事業者の CO_2 排出量の把握（燃料など）
○ Scope2：他社から供給された電気や蒸気の使用（電気など）
○ Scope3：材料、輸送、通勤、製品の使用、製品の廃棄などによる排出（Scope1～2 以外の間接排出）

②省エネ、LED 対策

まず第 1 ステップとして、以下に掲げるような講じやすい対策から実施する。

○各設備の使用電力量を把握して対策を講じる
○エアー漏れ対策（コンプレサー対策）
○エアコンの省電力化
○ LED 化の促進

第 2 ステップは、蓄電設備の導入や EMS（エネルギーマネジメントシステム）の導入を進める。

③再生エネルギーへの転換

自然エネルギーの電力を調達する方法を検討する。例えば工場に太陽光発電設備を設置し、自家消費する。また、小売電気事業者からの購入も 1つの手法である。

④生産活動の見直し

材料を変更したり、生産工程や加工方法を見直

図1 要求事項との関連

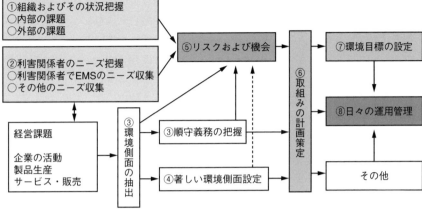

図2 プロセスの例

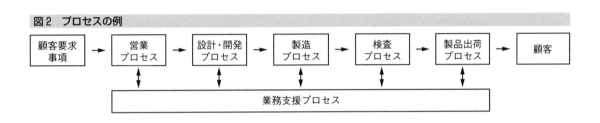

図3 タートル図の例

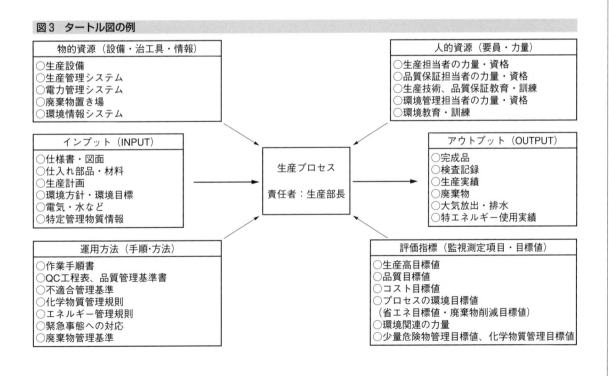

したりすることも有力な手段と言える。例えば、現状で見直すべき切り口として材料の歩留り向上が挙げられる。環境負荷の少ない素材として、土の中で分解する生分解プラスチックの活用に切り替えるのもよい。

(3)環境負荷物質の規制強化

環境負荷物質に関する規制は年々強化されている。例えば、EU の法律で電子機器に用いる特定有害物質の使用制限として、2003 年に RoHS1 が制定された。そして 2011 年に改正 RoHS2 が施行され、2019 年には規制対象物質が拡大した。このほか EU では 2007 年に、健康・環境の保護と域内の化学産業の競争力強化を目的に REACH 規制が施行されている。

(4)環境配慮型の製品づくり

自社製品において材料の選定、製造、利用から廃棄に至るまでの、ライフサイクル全体(LCA)を考慮する製品づくりが要求されるようになってきた。すなわち、製品の最終処分方法まで、目配りを利かせた全体設計が重視されているのである。

3 環境マネジメントシステムとは

1992 年の地球サミットで環境マネジメントシステムの ISO 化が検討され、1996 年に ISO14001 が発行された。後の ISO14001：2015 では、ISO14001:2004 に比べて大きく変化し、以下に改訂内容を示す。

①組織およびその状況の理解(4.1 項)

QMS(品質)と同様に、環境に関する自社を取り巻く状況把握を求めている。

②利害関係者のニーズおよび期待の理解（4.2 項）

顧客や地域自治体、社員の声（ニーズ）を聞き、反映させなければならなくなった。これは、顧客からのグリーン調達の要望や、地域住民からのヒアリングが求められていることを示している。

③リーダーシップ(5 項)

QMS と同じで環境に対する施策に対し、トップの権限と責任が強化された。

④リスクおよび機会への取組み(6.1 項)

有害物質の削減はもとより、環境に優しい施策（機会）へ挑戦する姿勢が求められている。

⑤ライフサイクルの視点(8.1 項)

ライフサイクル（原材料取得から最終処分まで）の各段階で、環境に関する管理を執行することとされた。このため生産工程のみならず、調達・物流プロセスについても考慮しなければならない。

以上の内容を見ると、環境法令を順守するだけではなく、自ら進んで積極的に環境対策に取り組まなければならないと言える。

環境基本法では、すべての主体が環境負荷の低減と、持続可能な社会の実現に取り組むことを求めている。管理すべき項目としては、省エネルギ

一対策や廃棄物対策（減量化、適正処理など）、大気、水質などの汚染物質排出対策、化学物質の排出管理などがある。そして、事業活動に伴う環境への影響（著しい環境側面）を把握し、これらを計画的に改善していく。

最近は前述したように、製品に対する環境配慮や省エネ、省資源（材料の削減、歩留りの向上など）、製品の長寿命化など継続的な活動の推進が特に強調されるようになってきている。ローインパクトなモノづくりの視点がますます重視されることになる。

4 環境対策とマネジメントシステム構築

環境に関わる要求事項との相関を**図1**に示す。各項の要点は以下の通りとなる。
　①外部と内部の状況を把握する
　②利害関係者の要望を収集する
　③環境側面を環境法令と合わせて抽出する
　④著しい環境側面を設定する
　⑤リスクと機会を設定する
　⑥環境関連の取組みを設定する
　⑦当年度における環境目標を設定する
　⑧目標を到達すべく日々活動して成果を出す
また、企業の部門単位でプロセスに分けるとわかりやすい（**図2**）。環境のパフォーマンス（成果）を発揮するには、相互に関連しているプロセス

（工程）を明確にし、インプットとアウトプットの相関を確認するプロセスアプローチが大切になってくる。例えばQMSで用いられるタートル図を用いると、必要な要素が明確に示されてわかりやすくなり、EMSにも応用できる。

図3は、生産プロセスの例である。前工程からのインプット項目と、生産プロセスでのアウトプット項目を記入する。生産プロセスで必要な物的資源や人的資源を記入する。また、生産プロセスでの運用方法や評価指標を書き出す。これにより、生産プロセスで必要な管理すべき項目がわかる。すなわち、各プロセスでの管理項目や評価項目が一目瞭然となり、工場全体でマトリックス（鳥観図）のような管理が可能となる。

5 今後の環境マネジメントシステム活用方法

地球の気候変動を抑制するにはCO_2削減が至上命題になってきている。

このため、全世界の企業が環境マネジメントシステムを駆使すれば環境目標達成に向けて、環境の改善活動が実施でき、成果（パフォーマンス）を生み出すという好循環のマネジメントサイクルが生まれてくる。

鈴木　宣二（鈴木宣二技術士事務所）

工場長のセルフチェック

1．環境マネジメントシステムの必要性を理解しているか。

2．ISO14001を導入し、運用する体制が整えられているか。

3．リスクのみならず機会への挑戦も実施されているか。

4．環境目標は長期的に計画されているか。

5．パフォーマンスの状況についてトップへの報告が実施されているか。

6．マネジメントシステムは全員参加型で実践されているか。

7．法規制の要求事項は最新版を把握し、対応しているか。

8．外部・内部のコミュニケーションが密接に行われているか。

4
生

産

22 安全衛生はトップの強い意思

> Point　安全衛生は、工場長自らが自分を、それから工場内を見つめ直し、第一線で働く人たちが安全で、安心して仕事に打ち込める環境をつくることからスタートする。

1 トップの姿勢

(1)人間尊重

今さら人間尊重などと大げさなことを…と、受け止められる読者もおられると思う。しかし、工場長がぜひともコストダウンを実現したいと思わなければ、コストダウンは実現しない。それと同様、絶対に従業員にケガをさせないと思わなければ無事故・無災害も実現しない。

誰一人、生命と健康が損なわれ、失われることがあってはならないという人間尊重の思想に基づき、働く人すべてが安らかで危険のない状態を、常に維持することが工場長の責務である。

(2)部下は見ている

木はてっぺんから枯れる。これは工場にも当てはまる。工場長の強固な意志のないところには、一丸となった活動は生まれない。まず、自分の意思を「自分の言葉」で明瞭に打ち出すことが重要である。次に自ら行動すること。安全の行事には率先して参画する。さらに、職場の活動で「指差呼称」を進めているなら、自らも「指差呼称」を行うことが大事だ。部下は「安全を大切にする姿勢」を見ている。

2 安全配慮義務

よく「労働安全衛生法の規則の何条に決まっているから実施する」と言うが、それ自体は正しい。しかし危険が予知されれば、法令に記載がなくても実施するのでなければ十分ではない。法令は同類災害の再発防止という観点から、最低限の規制を設けることが多く、すべての危険要因に対応しているわけではない。いわば災害防止のための知識の一部であるとの認識が必要である。

民法に根拠を持つ民事責任「安全配慮義務」では、事業者に「危険の予知と災害発生の回避」を求めている。労働安全衛生法を守っただけでは、事業者としての責務を果たしたことにならない。

高度成長期を経て発生した六価クロム事件（クロム酸化合物を扱う作業で健康障害を起こして死亡した従業員の遺族らが、企業に過失責任を求めた裁判）で、東京地裁は以下のように判示した。

「第1に求められるのは、"作業環境の保持について、労働者の健康、人命の尊重の観点から、その時代にでき得る最高度の環境を改善するよう努力すること" であり、"企業は営利を目的としているのであるから労働者の健康を保持する義務も、企業利益との調和の範囲内で作業環境の改善を投じれば履行される、という考え方" は到底採用できない」

「安全第一」に徹すべきことと、予知と回避のためには、その時代にでき得る最高度の取組みが求められていることを、全管理者に認識させなければならない。

3 これからの課題

今後の製造現場において、基本的かつ重要と考えられる3項目を取り上げる。

(1)リスク管理の重要性

リスクあるいはリスクアセスメントという言葉が、製造現場でもかなり浸透してきた。

図1　人の行動の構図

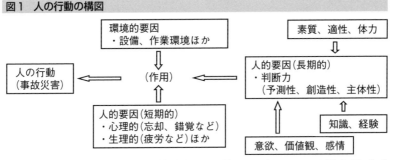

```
                環境的要因                    素質、適性、体力
                ・設備、作業環境ほか                 ↓
                     ↓                     人的要因(長期的)
人の行動  ←   (作用)   ←                    ・判断力
(事故災害)                                   (予測性、創造性、主体性)
                     ↑                       ↑
                人的要因(短期的)              知識、経験
                ・心理的(忘却、錯覚など)           ↑
                ・生理的(疲労など)ほか        意欲、価値観、感情
```

(出所)安全工学協会編『新安全工学便覧』コロナ社、1999年、694ページを参考に作成

表1　疲労・ストレス蓄積状況チェックリスト

①仕事の負担度
・非常にたくさんの仕事をしなければならない
・時間内に仕事が処理しきれない
・一生懸命働かねばならない
・かなり注意を集中する必要がある
・高度な知識や技術が必要な難しい仕事だ
・勤務時間中はいつも仕事のことを考えていなければならない
・体を大変よく使う仕事だ
②仕事のコントロール度
・自分のペースで仕事ができる
・自分で仕事の順序、やり方を決めることができる
・職場の仕事の方針に自分の意見を反映できる
③職場の支援度(上司、同僚との関係)
・どの程度気軽に話ができるか
・困ったときにどのくらい頼りになるか
・個人的な問題をどのくらい聞いてくれるか
　(上司、同僚別に回答する)

(出所)産業医学振興財団の資料より抜粋

労働災害におけるリスクは、「リスク＝危害の発生確率×危害の重篤度」で表す。発生確率は、年間の発生予測件数など災害の発生のしやすさであり、重篤度はかすり傷、重傷、死亡など災害の程度を指す。

リスクアセスメントとは、具体的な設備や作業などのリスクの大小を判定する評価手法である。安全とは、「リスクを許容可能なレベルにまで低減させた状態」を言う。許容可能なリスクとは、最善の技術を使って防護しても残るリスクのことで、安全配慮義務の判示と整合する。

従来の日本は、安全とは「危険のない絶対安全」という考え方が支配的であった。しかし、逆にリスクには目を向けなかった。リスクが残存することに対する議論や説得から逃げてきたとも言える。災害発生後に防止対策を実施するが、多くの場合、対策実施後の残存リスクについては言及しない。残存リスクについての合意が常に必要である。

リスクアセスメントによる評価は重要である。しかし、使い方を間違うと大変である。

一例を簡単に挙げる。フォークリフトへの接触災害をなくすために、「フォークリフト走行の白色経路ラインを設け、かつ点滅灯表示を実施すること」を対策として打ち出した。これで危害の重篤度が下がると評価したが、大きな誤りである。

経路ラインを設け点滅灯表示をすれば、通行者に知らせることにより接触の発生確率は減少するが、隔離をしなければ接触による重篤度そのものは下がらない。フォークリフトは機械の稼働部分とは異なり、隔離が困難（一般的ではない）なため、常に重篤な災害が発生するリスクが伴う。

リスクアセスメントは評価そのものに加え、評価を通してリスクの程度を共有化することに大きな意味があるが、正しい評価がなければ意味をなさない。

(2)人間特性に合った現場づくり

事故や災害の多くは、日頃培われた判断力が心理的、生理的な要因などによって発揮されず、それにエラーを起こしやすい設備要因などが作用したときに発生すると考えられる（**図1**）。短期的な要因の多くは、人特有の持って生まれた弱みである。機械の回転部に手が届く開口部があると、とっさの場合に手を入れてしまうような不安全行動を誘発する不良要因を排除することは無論のこと、積極的に人の弱みをカバーする手立てを講じることが重要である。

フールプルーフなどの防止対策もあるが、その前に人の能力や感覚に合った環境づくりをすることで、疲労や精神的ストレスを減らしたり、錯誤などの可能性を低くしたりすることが求められる。次に示すような、人間工学的な視点からの改善が効果的である。作業者に対する気配りとも言える

ひとくちメモ

安全管理の基本：4M

4Mとは下の表の4つを言う。4Mは、災害に結びつく現場での行動など直接要因の背後にある要素であり、災害の根本要因を構成するものである。災害発生防止のためには、この根本要因そのものを排除しなければならない。安全管理の基本は4Mを正しく維持・発展させることである。

Man （人的要因）	意欲（やる気）・価値観・知識や人間特性（忘却・錯誤など生来の弱み）など
Machine （設備的要因）	機械・設備の設計、点検整備状態、高圧ガスや危険物の管理など
Media （作業・環境的要因）	ManとMachineのインターフェイス作業手順、作業環境条件など
Management （管理的要因）	管理体制・計画、教育・指導、健康管理、職場の自主活動など

4M

事柄だが、エラー発生の防止に欠かせない方策である。

　①人の大きさや能力に設備や環境を合わせる
　　例：作業台の高さを人に合わせて変える
　②人の感覚（日常の習慣化した行動など）に合わせる
　　例：ツマミを右に回すと量は増加する
　③自然に人の行動を引き出す性質を持たせる
　　例：通路の一旦停止個所に足型表示をする
　④よりわかりやすく、気づかせる表示をする
　　例：近道行為、間違い防止の注意表示をする
　リーチフォークは足踏みのブレーキを緩めると停止する。一般のフォークリフトや乗用車とは逆になる。このような、日常習慣化した行動と異なる動きは、とっさの場合に危険な状況を招きやすいことを認識しておく必要がある。人を環境に合わせる努力ではなく、人に環境を合わせる努力がこれからの課題である。

（3）メンタルヘルス

　心の健康は、体の健康と同様、現場の労働衛生上の重要な要素である。仕事や職業生活に対して強い不安や悩み、ストレスを感じている労働者が年々増加傾向にあることは間違いない。体の健康は周囲から見て認知しやすいのに反し、心の健康についてはその発生過程に個人差も大きく、周りの知らない間に重大な段階になる例も見かけられる。時には生命に危険な状況にも直結する。

　業務上の自殺の場合、判例によれば企業の負担する費用は1億円を超えると言われている。本気になって対応を考える必要がある。対策として、セルフケア、ラインケア、産業医などによる専門的ケアなどが挙げられているが、対策の前に、一番身近な日常の業務のあり方に目を向けることが重要ではないだろうか。

　2005年の労働安全衛生法改正で、長時間労働者に対しては医師による面接指導が義務づけられた。面接指導のチェックリストの中に、「疲労・ストレス蓄積状況」に関するものがある（**表1**）。「勤務時間中はいつも仕事のことを考えていなければならない」など、働く上で当たり前と思われる記載もあるが、その強度（思い込み）次第では望ましくない結果に結びつく可能性があることを示唆している。この視点で、業務の実態を見直すことは価値がある。

　2010年代に入り、メンタルヘルスの不調を抱える労働者がいる事業所の割合が高まってきたことを受け、2015年末から従業員50人以上の事務所にストレスチェックの実施が義務づけられた。さらには、「働き方改革」の実現に向けて労働基準法や労働安全衛生法などが改正され、新型コロナウイルス感染症問題とあわせて労働者の多様な働き方に、事業者としてどう応えるかが重視される。現場を率いる工場長には、深い洞察力と迅速な行動力が問われている。

今林　幹雄（労働安全コンサルタント事務所）

工場長のセルフチェック

1．安全はトップダウン、まずこの意識を持っているか。

2．自分の意思を自分の言葉で明瞭に打ち出しているか。

3．安全行事に参加するなど行動で示しているか。

4．職場の安全活動の実態を十分知っているか。

5．実施すべき必要なレベルをしっかりと認識しているか。

6．リスクの考え方を浸透させ、その目で職場を見直しているか。

7．人をよく理解し、人の特性に合った現場を目指しているか。

8．従業員の心身の健康に常に目を向けているか。

23 サプライチェーン・マネジメントを 活かしてWIN-WIN の関係を

Point	企業間での協力関係が持続的な成長には不可欠となり、それが結果として社会の構成員全員に利益を及ぼすことになる。

1 SCMの原理としてのTOC

生産方式を大きく分けると、見込生産と受注生産に区分される。見込生産では納期は短くなるが、多くの在庫を持つ必要がある。受注生産では在庫は少なくなるが、納期は長くなる傾向があり、ともに一長一短を抱えている。サプライチェーン・マネジメント(SCM)は企業連携の1つの姿であり、製造−物流−販売に関連する複数の会社が連携して一体化し、顧客への製品の供給(Supply)をあたかも1つの会社が行っているかのように実現する、システムおよびその手法（マネジメント）を言う。短い納期と少ない在庫の両立を目的としたものである。

その基本的な考え方はTOC（Theory of Constraints：制約条件の理論）にあると言われる。TOCは複数の工程からなる生産システムにおいて、仕掛在庫を減らし、リードタイムを短縮するための優れた手法である。

その原理を**図1**で説明する。今、製品が4つの工程を経て製造されているとする。各工程には能力差があり、工程3の能力が一番低いとする。段階0（現状）ですべての工程がフル稼働すると、工程2と工程3の前に仕掛在庫が山積みとなり、その量は時間とともに増えてくる。そこで、改善が必要となる。段階1において、工程3にほかのすべての工程能力を同期させた生産システムとする。このとき、生産システム全体としての生産能力に変化はないが、工程2と工程3の前に滞留する仕掛在庫は激減する。工程3の前には少しだけ仕掛在庫を積み上げているが、これは能力の一番低い工程3を100％働かせるための工夫である。

次に段階2において、工程3の能力を3まで増強したとすると、一番能力の低い工程は工程2に移る。工程2に同期させて製造を行うと、仕掛在庫を増やさずに生産量を増加させることができる。そして、次に工程2の能力を増強させる、という具合に順次能力強化を進めていくと、仕掛在庫を増やすことなく生産能力を増強していくことが可能となる。

この生産システムにおいて、各工程がバッチ生産となっている場合には、製造のバッチサイズを小さくすることにより、生産のリードタイムを短くできる。仕掛在庫が発生しないので、品種替えも容易となる。まさに今日的な変種変量生産のための生産システムとなるのである。

2 SCMの概要と意義

図2にその概念図を示すが、図1の工程1〜4がそれぞれ、原材料供給会社、製造会社、物流会社、販売会社に変わったと見ればよい。

製造−物流−販売における担当会社はそれぞれの強みを活かし、顧客の満足できる品質・価格・納期で商品を提供する。当然、図1において矢印の太さが需要量を上回っている会社が連携することになる。もちろん、品質も顧客の要望を上回っている。言い換えれば、図1において工程の能力を向上させることは、サプライチェーン上で能力の高い会社を選択することを意味する。この結び付きを強者連合と呼ぶ。

各社が有機的に結びつくためには、それぞれの会社が持つ強みに加え、情報技術が重要な位置付けを持つ。いわゆる ERP（Enterprise Resource

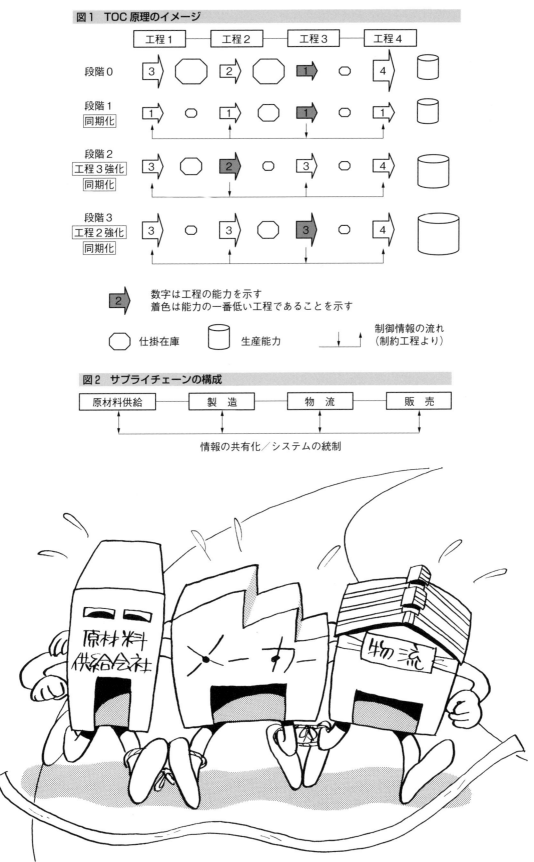

図1 TOC原理のイメージ

| 工程1 | 工程2 | 工程3 | 工程4 |

段階0

段階1
同期化

段階2
工程3強化
同期化

段階3
工程2強化
同期化

数字は工程の能力を示す
着色は能力の一番低い工程であることを示す

仕掛在庫　　生産能力　　制御情報の流れ
（制約工程より）

図2 サプライチェーンの構成

| 原材料供給 | 製造 | 物流 | 販売 |

情報の共有化／システムの統制

5
流
通
廃
棄

Planning：企業資源計画）システムを各社が完備し、そのERPシステムを介して、SCM上の全社がすべての情報を共有する。販売会社は製造会社の在庫を見ることができるし、製造会社は販売会社や流通上の在庫を確認することができる。この結果、SCM上の会社が一体となって、あたかも1つの会社のように生産計画・販売計画を構築できる。

　このシステムを働かせるためには、ここまでの情報共有化が必要となるので、SCM構築の前提として、お互いがパートナーシップを組める信頼関係が最重要となる。

　SCMに関わるすべての会社および消費者は、全員メリットを享受できる。これをWIN-WINの関係と呼んでいる。

　メリットの源泉はSCMによる全体最適化によって生み出される、①情報共有化による確度の高い生産・販売計画の構築、②リードタイムの短縮、③在庫や物流コストの削減、④顧客情報を受けた売れ筋商品への速やかな反映、などである。SCM

は IT技術を駆使した高度なマネジメントシステムであり、具体的にはその詳細は「14. 量産設計（組立型）」で示しているような複雑系となる。ひとたびSCMをつくり上げることができれば、同業他社に対して強力な差別化を実現することが可能になる。近年、多くのSCMが存在し、お互いにチェーン間競争を繰り広げている。SCMは今後さらに研ぎ澄まされ、その結果、ムダが省かれ、資源の有効利用が図られていくことになるであろう。

3 BTO

　SCMの1つの形としてBTO（Build to Order）がある。これは組立型の製造業において、注文を受けてから最終製品の生産を行うシステムであり、コンピュータ製造の"デル・モデル"が特に有名である。完成製品の在庫を持たない点に特徴があり、完成製品を持たない分、リードタイムを縮める工夫が必要となる。

　製造はモジュールの組合せとなるため、あらか

ひとくちメモ

利益を出すということ

　一生懸命働くことが常に望ましいことか？　これは一概には言えない。TOCの解説でも見てきたように、設備に余裕があるからと言って、目いっぱいに製造を進めれば仕掛在庫の山となる。確かに労働余力が製品の付加価値に置き換わって儲かったようには見えるが、問題はその仕掛品が間違いなく製品となるのだろうか、という点である。最近は製品寿命が短い。しかも多品種少量生産であるた

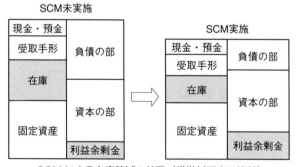

SCMによる在庫節減の効果（貸借対照表の比較）

め、多量につくった仕掛品を使用できる製品が別にあるかどうかは、保証の限りではない。

　本文の図1で、段階0のような状態を部分最適化と言う。個々の設備の生産能力を最大限とすることに重点が置かれている。不要な仕掛在庫をつくらず、リードタイムを短くした生産システムが、TOCの考え方を応用することによって実現できる。この生産方法では、図1の段階1で示したように、一番生産能力の低い工程に合わせることでムダな仕掛在庫はつくらない。これが、全体最適化の考え方の第一歩である。

じめ製造可能な仕様はコンピュータ上にメニューとして配置され、顧客に公開されている。顧客はこのメニューからコンピュータを介して注文を入れる。最終製品組立工場の周りには、物理的な距離の近いところに多くのモジュール製造関連会社が配備され、情報技術を駆使して速やかに必要な部品が調達できる体制となっている。また、でき上がった製品は物流会社を通して速やかに顧客に届けられる。

このケースでは、コンピュータ製造会社がモジュール製造関連会社、物流会社とともにSCMを形づくっている。BTOは寿命が短い製品の供給に効果的であるため、今では多くの電機メーカーで採り入れられている。

4 SCMへの具体的な取組み方法

SCMにはそのチェーン上に中心となる会社が存在するが、その会社を中心として、各社は次の点に留意してSCMの発展に寄与する。

(1) SCM維持・継続の仕組みづくり
① 社内のいずれかの部門に「SCM事務局」を置き、「環境、品質、CSR」の各部門が、サプライチェーンのすべての事業所を網羅して活動するよう指導させる。
②「SCM事務局」は資材調達部門、環境推進本部、販売部門などと常に連絡をとって、サプライチェーン事業所の変更・追加がないか
を継続的にチェックする。
③「サプライチェーンの事業所」は所在地がグローバルに展開している。「SCM事務局」は地域ごとの習慣や道徳観、法令を調査し、「環境、品質、CSR」の各部門を啓蒙するとともに要点を全社員にネット配信し、普段から教育する。

(2) SCM推進部署の主な役割
① 関連する社内のすべての部門、社外の関連企業・事業所をリストアップし、サプライチェーン・マップを作成する。
② 製品の製造番号や梱包の番号・日付を見れば、製造に関わった事業所の作業状況を常に把握できるよう、トレーサビリティーを確立（エビデンスを確保）する。
③ 状況を記録し、定期的に報告させる。
④ 全事業所・関連企業に自律的な活動を指導し、任せ切りにはしない。各担当に定期的に現場を監査させ、実態を報告させる。
⑤ 場所、設備、事業所、取引先などの変更の場合、必ず事前申請し、承認後実行する変更管理規定を作成し、全事業所に徹底する

仲　俊一（イーメッツ）
畑　啓之（技術士・中小企業診断士）

工場長のセルフチェック

1. 工場内にSCMやERPについて理解できる人間がいるか。
2. 製造には原料メーカーや顧客からのデータが有効に利用されているか。
3. 受注してから納品までのリードタイムを把握しているか。
4. 原料在庫、仕掛在庫、製品在庫の量とその金額を把握しているか。
5. 工場に生産管理システム（コンピュータシステム）を導入しているか。
6. 生産計画の立案に、社内部門間で多くの時間を無用に費やしていないか。
7. 生産システムに関して、他社との調整が図れる人材がそろっているか。
8. 他社と情報を共有し、WIN-WINの関係を築いていく心構えがあるか。

24 「見える化」による納期の管理

Point 顧客情報をもとにした正確な日程計画を立て、リードタイムを短縮し、現物の動きをつかみ、顧客の希望納期に合わせる工夫を常に心がけることが大事である。

　顧客ニーズの多様化に伴い、変種変量生産が進展する中で、納期・量の管理はますます煩雑になってきているが、これに適切に対応することが工場の重要な役割である。販売、流通を含めた全体のロジスティクス管理についてはサプライチェーン・マネジメントの項で述べているが、ここでは工場における製品の、顧客に対する納期管理について述べる。工場としては、正確な生産計画を立て、それを統制する進度管理ならびに製品、仕掛品、原材料の現品管理を的確に行うことが大切である。

1 顧客情報に基づく日程計画の立案

　納期・量管理の基本は、顧客情報をもとにした正確な日程計画の立案にある。**図1**に日程計画の体系を示すが、通常、半年あるいは1カ年の予定を大まかに示した大日程計画、3カ月くらいの予定を示した中日程計画、週または旬ごとの小日程計画に分けて作成される。

　大型物件で設計・工事を伴うもの、あるいはシステムの導入については、個別にガントチャートやPERTなどを用いて、全体の進捗を支配するポイントの工程に重点を置き、管理する。設計、調達、製造、物流を考えた仕事の流れと時間の決定が大日程計画で行われ、これに基づき、細部の作業の日程が立てられる。**図2**に、システム構築に対するガントチャートの例を示す。

　製品の生産日程管理は、手順計画に基づき作成された小日程計画によって実施されるが、設備、材料、人員の手配などは大日程、中日程によって実施される。

　工程管理のポイントは進捗管理であり、計画と実施のずれを見出して、納期達成のために修正を行うことが重要である。このために、工数の余力管理、製品・材料・部品の現品管理が大切である。また、各種の判断のために、過去の資料を整備しておくことも重要である。

2 在庫の減少と生産期間の短縮

　短納期化に対応するためには、製品、材料などの在庫を持つことが生産面から見て有効であるが、反面、在庫を持つことは在庫スペースの増大、不良在庫の発生などで資金負担、原価増大の原因となる。

　製品の在庫管理を改善するためには、原材料メーカーのように製品グレードが多い生産の場合には、資材・購買管理の項目でも述べた、重要度に応じて区分し管理することが必要である。全品目の中で、単価の高い方から、全品目の10％程度で売上金額の70％程度を占めるA区分の品目を重点的に個別管理を行い、生産期間を短縮して製品在庫を極力少なくする。次のB区分、すなわち全品目の20％程度で売上金額の20％程度を占めるものについては、必要最小限の在庫を持ち、定期的に、例えば週ごとにチェックして生産する。残りのC区分に対しては、ある程度の在庫を持ち、作業に余力があるときの生産を考えるとよい。以上は製品の在庫管理の面から述べたが、生産に伴う原材料の管理についても連動して管理することが求められる。

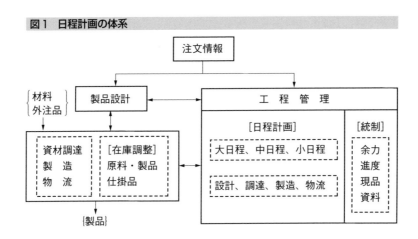

図1　日程計画の体系

図2　簡単なガントチャートの例

	第1週	第2週	第3週	第4週	第5週	第6週	第7週	第8週
要求定義	△━━━━━━▼							
概要設計			△━━━━━━▼					
詳細設計					△━━━▼			
コーディング						△━━━━▼		
テスティング							△━━━▼	

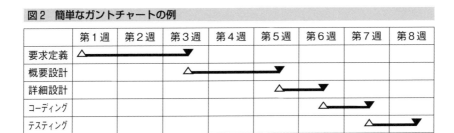

図3　製造三角図

図4　流動数曲線

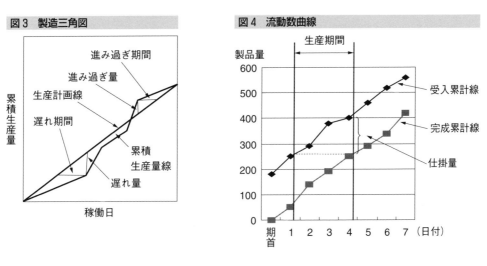

99

組立品のメーカーでは、1個流しの生産が基本である。生産期間の短縮のためには、必要なものを、必要な時につくるJIT（ジャスト・イン・タイム）生産システムが有効であり、各企業で積極的に導入されている。このシステムはトヨタ自動車で開発され、基本的に、注文に応じて1個流しの生産を行い、製品在庫をなくすものである。このために、品種切替え時間の短縮を含めて、生産リードタイムを徹底して短くする。

3 「見える化（目で見る管理）」と実績把握

工場現場を歩いてみるだけで、生産の進捗状況、製品・材料・仕掛品の在庫量、不良品の発生状況、機械設備の不稼働原因などの現場状況がわかり、問題点とポイントを指摘できるようにしておくことが肝心である。

見える化のためのツールとしては、次に示す日程・進捗管理の道具が数多く使用されている。

（1）生産管理板

日々の計画や進捗度を示す管理板で、職場の状況によりいろいろなものが使用される。日程計画の示し方は極力、間近なものだけを示すのが原則

であり、当日、2日間、3日間および1週間程度とするものが多い。

（2）作業進捗管理板

標準計画に対する現在の進度状況を把握するために使われるもので、小型のホワイトボードを使ったり、用紙を掲示したりする。原則として、1日分以上のロットがまとまる繰返し性のある製品の進度管理に適用される。

（3）作業進捗表示灯

現時点における、計画数量に対する実績数量を示す作業進捗表示灯や電光表示板、モニターなどが使用される。ほとんどの場合は自動表示であるため、運営の手間がそれほどかからない反面、あまり気にかけられず、遅れていても迅速なアクションにつながらないケースがある。

（4）差立板

よく使用されている管理板である。指示書を差立することによって、進捗管理も同時に行うもので、いつ、誰が、何を、いくつ、どの機械を用いてつくるかを指示するために使われる。差立板には作業の優先順位と連動させ、いくつかのポケット（ポスト）で区分するのが普通である。また、作業中、次作業、準備中などいろいろな区分がなされている。

ひとくちメモ

POPシステム導入の背景とその活用

生産現場は生き物であって、さまざまなトラブルがいつも発生している。部品・材料の不足や品質不良、機械や検査器の故障、作業者の突然の休暇や作業ミス、停電や災害などが常にどこかで発生しているため、生産はむしろ予定通りいかないという前提で、生産計画を立てなければならない。つまり、リアルタイムに良品数と不良品数を把握し、不良の原因情報を把握して有効な対策を打つことが非常に重要となる。このリアルタイムの生産状況を把握するシステムがPOPである。

POPシステムがさらに発展していくと、作業指示もPOPターミナルでできるようになる。具体的には、作業者が作業指示書のバーコードを読み取ると、その作業に必要な加工データが検索され、自動的にNCマシンにその加工データがダウンロードされる。このシステムの利用によって作業指示が簡単になり、また機械の設定ミスを防止することができるようになる。現在では、POPはMESの構成要素の一部を担うとされている。

バーコードリーダー

(5)人員配置板

職場やラインの人員配置を示すために使用される。小型のホワイトボードにレイアウトを描き、その上に人名を記したマグネットを置くことによって、作業指示を行う形が多い。

(6)かんばん

後工程引き取り方式において使われる、ジャスト・イン・タイム生産のための道具である。何を、いつ、どれだけ、どのような方法で生産し、運搬したらよいかの情報が示されており、つくり過ぎを防ぐ。かんばんは必ず現物とともに動くようにし、常に現物と一致させ、余分に生産させないことが大切である。

(7)POPシステム

バーコードを主としたPOP（Point of Production：生産時点情報管理）システムが工場現場で活用され、効果を上げている。POPシステムは部品・製品に付属したバーコードにより、作業現場から発信される生産情報をキャッチし、監督者あるいは関係者に即時に伝達するシステムである。これにより問題点を顕在化させ、これを解決することでスムーズな生産活動の実現が可能となる。

さらに、上位概念としてMES（Manufacturing Execution System：製造実行システム）があり、製造プロセスの円滑な管理を実現するツールとして導入を検討するのもよい。

上記の管理板は、生産現場の進捗管理のための道具であるが、工場長あるいは現場管理者としては総合的な進捗度を把握することが求められる。

このために以下の図表が使用されている。

(1)製造三角図

これは、連続生産の場合に使われるもので、**図3**に示す通り縦軸に累積生産量を、横軸に稼働日をとり、計画と実績を対比するものである。計画線（日産量が一定なら斜め直線となる）よりも実績線が上にあれば予定よりも進んでおり、下にあれば遅れていることを示している。

(2)流動数曲線

図4に流動数曲線の例を示す。この図はある工程の受入量と払い出された量の累計を、稼働日ごとにプロットしたグラフである。この図により、生産の進捗度や仕掛量（在庫）、生産リードタイムなどを同時に知ることができる。

4 仕事の平準化と計画変更への対応

生産時間の短縮を図るためには、生産各工程の作業を平準化する必要がある。ネックになる作業をなくすためには、重要度が高い製品の生産を優先、多工程持ちの作業方法を導入、工場内のほかの課、係から応援などが必要である。

また、顧客からの緊急注文や、不良品の再生産の対応などに向け、平準化生産を常に考えておくことが必要である。このためには、緊急の生産系列の設置や他社での緊急生産による対応なども有効である。

大石　哲夫（大石コンサルタント）

工場長のセルフチェック

1. 大、中、小に区分した日程計画を作成し、管理しているか。

2. 大型物件に対して、ガントチャートなどを用いた個別の管理を行っているか。

3. 在庫の減少と生産期間短縮を狙った納期管理を行っているか。

4. ジャスト・イン・タイム生産方式の考え方を採り入れているか。

5. 重要度に応じ、A・B・Cの区分をした在庫管理を行っているか。

6. 「見える化」を狙った管理ツールを採り入れているか。

7. 総合的進捗管理として、製造三角図や流動数曲線などを活用しているか。

8. 仕事の平準化と、計画変更への対応を考えた作業方法を利用しているか。

25 廃棄物を減らす 3R の進化

> **Point** 商品、設備不要物を廃棄する費用や損失が増加している。持続可能な社会の実現に向けて廃棄物を大幅に削減するには、3R（リデュース・リユース・リサイクル）をさらに推進・進化させなければならない。

現代の大量生産・大量消費・大量廃棄型の社会経済活動によって生じる大気、水、土壌などへの環境負荷は、自然の自浄能力を超えて増大し、地球規模の環境問題となっている。適正な資源の投入、製造、販売、消費、廃棄・再生の循環サイクルをつくり上げ、循環型社会を成形し維持していくことが強く求められている。この問題の解決のためには、企業だけではなく、行政（国、地方自治体）、生活者が力を合わせなければならない。また、加速させるには企業の役割が大きい。

1 廃棄物処理による環境への影響

図1に、廃棄物処理による環境汚染の構造を示す。焼却炉の排ガスおよび直接埋め立てによる腐敗ガスが大気汚染の原因に、焼却灰あるいは直接埋立物が土壌汚染と、地下水などの水系に対する水質汚濁の原因になる可能性がある。

さらに、廃棄物中に含まれる水銀（Hg）、カドミウム（Cd）、鉛（Pb）、PCBやダイオキシンなどの塩素系有機化合物といった有害物質は、動植物のみならずわれわれ人間の健康にも悪影響を及ぼすため、廃棄物処理を安易に考えてはならない。

2 工場での廃棄物の種類とその取扱い

工場や建築事業場などで取り扱う廃棄物の種類は次の3種類であり、その取扱いおよび処理については法的規制や自主規制に従い、厳しく管理する必要がある。

(1)事業所の生産プロセスや事務所などから定常的に出る廃棄物

事業所から出る廃棄物の種類と量を把握し、ゼロエミッションを目指して廃棄物の排出量削減の目標を立て、厳しく管理する。

(2)自社製品使用済み後の廃棄物

自社製品の材料取得から生産、使用済み後の廃棄に至るライフサイクルの視点で環境負荷の減少と、廃棄物のリサイクルや処理について環境側面を特定し、環境負荷を評価して改善する。

(3)使用済み後の設備の廃棄物

製品寿命の短縮化に伴い、使用可能な設備を除却するケースが増加している。従来、製品寿命の方が設備寿命より長いものとして計画・管理されてきたが、現在、製品寿命の方が設備寿命より短い場合が多くなり、多目的設備か新規設備への転用を考えることが大切である。また細部については省略するが、中古品としての資産価値はないか、処分費用を必要とするかについても検討を常に行っておく必要がある。

(4)マニフェスト制度による管理

1997年度廃棄物処理法の改正により産業廃棄物のマニフェスト制度が義務づけられ、1998年12月より施行された。これは産業廃棄物の適正な処理を推進する目的で定められた制度で、マニフェストの伝票や電子伝票を用いて廃棄物処理の流れが確認できるようにしなければならない。

3 省資源・リサイクルの仕組みと評価

図2に省資源・リサイクルの仕組みを示す。資源の有効利用を図る際、次の視点で製品の製造か

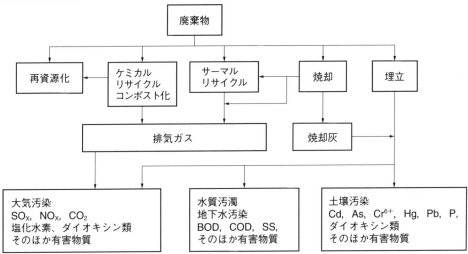

図1　廃棄物処理による環境汚染の構造

廃棄物

再資源化　｜　ケミカル
リサイクル
コンポスト化　｜　サーマル
リサイクル　｜　焼却　｜　埋立

排気ガス　｜　焼却灰

大気汚染
SO_X, NO_X, CO_2
塩化水素、ダイオキシン類
そのほか有害物質

水質汚濁
地下水汚染
BOD, COD, SS,
そのほか有害物質

土壌汚染
Cd, As, Cr^{6+}, Hg, Pb, P,
ダイオキシン類
そのほか有害物質

（出所）世良力、『環境科学用論』、東京化学同人　をもとに作成

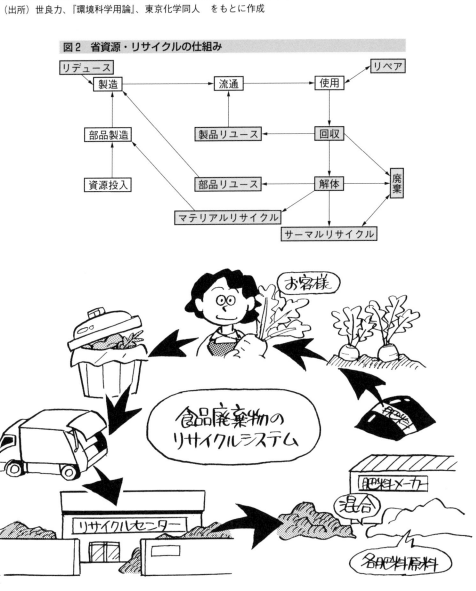

図2　省資源・リサイクルの仕組み

リデュース
製造　→　流通　→　使用　→　リペア

部品製造　｜　製品リユース　←　回収

資源投入　｜　部品リユース　←　解体　｜　廃棄

マテリアルリサイクル　｜　サーマルリサイクル

ら回収、廃棄に至るライフサイクル全体の省資源を考える必要がある。通常、3Rはリデュース、リユース、リサイクルを対象として検討されるが、製品寿命の延長を考えたリペアも無視できない。

(1)省資源

まず第1に、製造段階での材料削減（リデュース）およびユーティリティー削減を考えることである。IT機器の小型化はこの例であり、使用後廃棄される場合の廃棄物の減量化にも直結する。このために、VA/VE手法による材料削減の検討が効果的である。第2に、使用過程での電気、水、燃料などのユーティリティー削減も資源節約につながり、かつ利用者のメリットを生み出す。

(2)製品寿命の延長とリペア

製品寿命を2倍にし、使用期間を2倍にすることは、製品の材料を半減することと同様の意味を持つ。また、製品使用時の故障に対するリペア（修理）についても、これによって2倍の期間を使用できるとすれば、同様の効果があり、メーカーによるリペア体制の充実が今後の課題である。さらに、製品のグレードアップについても新製品に取り替えるのではなく、旧製品に新たな機能を追加してグレードアップを図ることができれば、同様に省資源につながる。

(3)リユース（再使用）

製品全体のリユースと、部品のリユースの2種類がある。まず最初に不要となった製品を、使用する人と場所を変えてのリユースである。レンタルはこの例である。次に、製品全体としてリユースできない場合は部品がリユースされる。中古車の部品が海外でリユースされている。

(4)リサイクル

リユースができない部品については、材料へのリサイクル、焼却時の熱回収すなわちサーマルリサイクルを行う。

以上の仕組みの中で、不要になった製品の回収や解体の過程をいかに効率的に実施するか、回収したものをいかに有効に利用するかが循環システムを成立させる要となる。このことは、製品の企画段階から回収、解体、再利用のシステムを計画し、評価しておくことが大切であり、LCAの必要性が生じる背景となる。

ひとくちメモ

LCA（ライフサイクル・アセスメント：Life Cycle Assessment）

事業者には、製造から廃棄・リサイクルまで一連のライフサイクルの過程を通じて、より環境負荷の少ない製品やサービスを提供することが求められている。また消費者にも、より環境への負荷が少ない製品を選択しようとする意識が定着してきている。こうした動きを支援するのに有効なツールとしてLCA手法がある。LCAとは、製品やサービス、さらには事業活動全体の環境負荷を総合的に評価する手法を言う。総合的とは、製品などの原料採取、生産、流通・販売、消費、廃棄・リサイクルまでのライフ

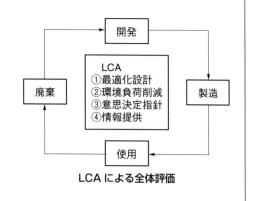

LCAによる全体評価

サイクル全体を評価対象とすることを表す。これにより事業者は次のメリットがある。

①製品寿命全体を捉えて商品設計を行うことができ、最適化設計が可能となる

②環境負荷が発生する段階を客観的に認識できるので、効果的に環境負荷を削減できる

③次世代製品の企画・開発の意思決定を行う際の指針を得られる

④消費者に科学的な情報を提供し、外部コミュニケーションの促進が図られる

4 リサイクル技術

　図2に示す通り、省資源化のためには、使用する資源の削減（リデュース）と製品の修繕（リペア）が基本であるが、ここではリサイクルの方法について述べる。

　(1)マテリアルリサイクル

　マテリアルリサイクルは、ケミカルリサイクルに比べるとリサイクルの際に消費エネルギー、汚染物質排出量を最も少なくできる方法であり、紙、ガラス、金属類、ゴム（タイヤ）、ペットボトルなどの再利用がこれに相当する。

　(2)コンポスト化

　コンポスト化は食品廃棄物の処理に適用されている方法であり、微生物発酵を利用し、主として堆肥化を行うものである。都市の生ゴミ、下水汚泥、畜糞、農水産廃棄物などが対象となる。

　(3)ケミカルリサイクル

　ケミカルリサイクルはプラスチックが炭素と水素からできていることを利用し、熱や圧力を加えて、元の石油や基礎化学原料に戻してから再生利用する方法である。

　(4)サーマルリサイクル

　この方法は、廃油、廃プラスチック、廃紙、廃木材、あるいは一般廃棄物などに広く用いられており、燃焼熱利用法と燃料化法などがある。

　①燃焼熱利用法：廃棄物の燃焼熱を温水、蒸気、電気などに変換して利用する方法である。

　②燃料化法：燃焼熱利用に代わり、付加価値を高めるために開発された。この方法には直接利用法やガス化法、固形燃料法などがある。特に固形燃料法は廃棄物をごみ固形燃料（RDF：Refusu Derived Fuel）化し、燃料に利用する技術である。これにより減容化、臭気抑制や効率的な熱回収、ダイオキシン対策が可能になる。

5 3Rの進化

　廃棄物対策により3Rの技術は定着してきた。今後は、この3Rをさらに進化させていかなければならない。不要なモノは受け取らないリフューズ（Refuse）がここへ来て注目されている。レジ袋の購入をやめ、マイバッグを持参して買い物をするような形態である。レジ袋の有料化に踏み切るところが増え、敬遠する消費者が顕著になった。

　また、リペア（Repair）の優位性も浮上した。消費者意識が変化したのか、「大切なもの」として長く使用する傾向が強まっている。例えば、お母さんが持っていた晴れ着を、娘が仕立て直して着るような「ママ振袖」の風潮が出てきた。世代を超えて家族の思い出を共有し、絆を深める契機にもなる。このように3R＋2R（Refuse、Repair）の5Rが世間に広まってきたが、持続可能な成長を支える廃棄物対策を進めていかなければならない。

大石　哲夫（大石コンサルタント）

工場長のセルフチェック

1. 工場から出る廃棄物の種類、量、性状を正確に把握しているか。

2. 廃棄物削減の目標を立て、それに取り組んでいるか。

3. 製品の生産から廃棄に至る環境側面を特定し、環境負荷を評価し、改善しているか。

4. VA/VE手法などを利用し、製品の減量化、ユーティリティーの削減を行っているか。

5. 使用している設備の寿命、新規設備への転用、廃棄時の処分について考えているか。

6. 新製品開発について、工場としてのライフサイクル・アセスメントを行っているか。

7. 取り扱っている製品について、リサイクルの方法を検討しているか。

8. 必要なものについてマニフェスト（伝票または電子伝票）を発行しているか。

第Ⅱ部

管理能力と実行力を磨く工場長 12 訓

1 自分の工場(部門、つまり城)は自分で守れ

　自分の工場は、自分で守らなければならない。企業を取り巻く経営環境の変化は、厳しくて激しい。企業、企業グループ、世の中(地域、国)から必要とされるなら存続を許されよう。一方でお荷物だと考えられた場合は、即座に閉鎖を宣言されかねない状況にあることを理解すべきである。

　雇用を守り、地域に貢献するためには、工場の使命と自分(工場長)の使命を現在時点で見直し、再確認する必要がある。**過去の使命・過去の貢献は、現在時点では"ゼロ"である**と考え、現在および将来志向で対処することが望まれる。

　どのような場合も、**投資に見合う利益を確保することは、最低限の使命である**。利益が確保できるということは、顧客満足、従業員満足、社会満足の結果であり、要因でもある。

(1)　工場の使命、自分の使命は何かを明確にせよ

　企業の活動目的としては、①継続(持続可能:サステナビリティ)、②利益の追求・確保(経済性の発揮)、③社会的責任の遂行(利益の適正配分)、④教育の場の提供、などが挙げられる。

　企業の社会的貢献としては、①商品・サービスの開発、生産、販売、②働く場の提供、所得の提供、③税の支払い(公共への貢献)、④寄付などによる地域や文化向上への貢献、⑤教育の場の提供、などが挙げられる。

　また、企業は歓迎されることばかりをするわけではない、**社会的非貢献**もある。例えば、①環境破壊と公害の発生、②資源のムダ使い、③安全の侵害、などが挙げられる。

　工場の使命と自分の使命は、上記の中かまたは独自の使命があるはずである。そして、その使命は経時的に変化したり、環境変化で急変することもある。しかし、**究極的には継続することであり**、利益の追求・確保であることを忘れてはならない。それらは、必ず文字や言葉で示し、公開し、関係者の賛同が得られるようにすることが望ましい。

(2)　自分が着任したとき以上の状態で、次の工場長に引き継げ

　決算書が経営者の成績書である。工場単位の貸借対照表、損益計算書、キャッシュフロー計算書が会社なりに整備され、明確にされる必要がある。未整備の場合は、それに代わる物的生産性を量る物差しを持つべきである。それらは、Q(Quality:品質=クレーム発生件数、不良率、手直率、直行率、廃棄率…)、C(Cost:原価=原価低減額、原材料消費効率、作業能率、経費低減率…)、D(Delivery:納期・量=納期順守率、生産達成率、在庫回転率、生産期間…)などで示すことができる。

　それらの**価値的生産性・物的生産性を示す物差し(管理項目・目標項目)を活用し、着任したとき以上の状態で、次の工場長に引き継ぐことが求められる**。(1)で示した使命を可能な限り数値化すれば、より具体性・展開性を増す(部下であるリーダーへの目標展開が具体的になり、容易になる)であろう。

(3)　あらゆる手段で、自分の工場を守れ

　工場単位の貸借対照表、損益計算書、キャッシュフロー計算書が整備されていれば、またそれらが月次決算の形で示されていれば、どのような状況になったら、どのような決算になるかが把握できる。例えば、売値の上下、売上量の増減、原材料単価の上下、作業能率の上下により利益がどうなるかを区分し、把握することが可能になる。

　投下資本利益率の変化要因を把握し、どの要因がどのようにどの程度変化すれば、結果として投

下資本利益率が変化するかをつかみ、コントロールを可能にすべきである。それこそが、ERP（企業資源計画）システムに基づく工場経営の見える化であり、工場の実像を知る手がかりとなる。

いずれにしても、あらゆる手段を事前に準備し、状況に応じて必要な対策を、例えば月度事前利益／予算／原価管理により見つけ、事前に遂行すべきである。事前期間を1カ月、3カ月、6カ月、1年というように設けて進めれば、経営の安定性をより高めることができるであろう。

2 工場の理想像を具体的に描け

工場の理想像は、工場の数だけ、工場長の数だけ描かれるものである。個性ある工場こそ、工場長の個性が発揮された工場こそ、オンリーワン工場である。

(1) 工場の利害関係者（ステークホルダー）の満足をバランス良く実現せよ

会社は、誰のものか。①株主、②従業員、③経営者、④顧客、⑤流通・サービス業者、⑥資材・部品供給先、協力企業、⑦国・県・市町村、⑧地域住民、⑨生活者、などの利害関係者（ステークホルダー）全員の満足をバランス良く満たす必要がある。つまり会社は、**利害関係者全員のものであり、社会のものでもある。**

もちろん、最も深く人生を懸けている（長期にわたり貢献した）従業員・経営者・安定株主のものと見るべきであろう。

それでは、工場は誰のものか。工場は、今まで十分な主体性を持たなかった。そのため、「不要になったので閉鎖」と自分たちの意志に反して宣言されたりもする。工場は、工場で働く人たちのもの、地域のもの、という意見もある。特に地方で働く場がほかにない場合も多い。中国などへの生産移転が行われ、「閉鎖」を宣言される場合も多い。どのように雇用を守り、所得や生きがいを確保するのか、日頃から真剣に考え、事前にあらゆる手段（もちろん、法律や倫理を守り、働く人のプライドを守れる手段）を考え、必要に応じて対策を講じなければならない。それにより、工場の利害関係者の満足をバランス良く実現すること

が可能になる。その延長線上に、理想像を具体的に描くべきである。単なる"夢"であってはならない。

(2) 経営資源を使いこなせ

経営資源は一般的に"人・モノ・金・情報"と言われる。**最も重要と考えられる事項に、経営資源を集中することが大切である。**工場は、どちらかと言えば日常管理（維持、小改善）が重要とされる。資源も余裕を持って配分されるわけではない。企業によっては自由度も低い。例えば、人・モノ・金・情報も自由に使えず、本社の指示に従わなければならない点も多い。しかし、そこに安住してはならない。同規模の中小企業経営者は、命を懸けて経営に傾注している。それと比較すれば、会社の所有者ではない工場長は、長所および短所がいろいろ列挙できる。

工場が持っている有形・無形の資源を工場長が正しく理解し、それをフルに活用することである。それによって道は開ける。

(3) "志"を高く持て

工場は、顧客を見失うことが多い。後工程（流通、工事、消費者、サービス業者などを含め）は、すべて顧客と見なす視野の広さが求められる。営業や開発、経理などの機能は見失われがちである。**工場は、ショールームでもある。見学者、求職者、協力工場、購買先（納入業者）、後工程担当者もお客様であることを忘れてはならない。**

開発・生産準備、経理なども本社からの指示を

受けるばかりでなく、本社を動かす気概が必要とされる。

　"志"を高く持ち、1つの企業としての個性を発揮するよう、全員が、1人ひとりがプロとしての自覚を持ち、研鑽を積み重ね、関連分野で第一人者になる必要がある。例えば、商品知識、設備・治工具、作業改善、5S、見える化、ポケヨケ…何でもいいのでその分野の第一人者(工場一、会社一、日本一、世界一)に、また多能工・多能職になることが大切である。

3　工場の利益確保・極大化の公式を体で覚えよ

　日本の経営者には、①高年齢になってから就任する、②経営者(最後の意思決定者)としての意思決定を積み重ねた結果の成功や失敗の体験を十分に持っていない、③所得があまり高くないために経済的蓄積が不十分である、④本当のリーダー(エリート)はどのように仕事に取り組むべきかがわかっていない、⑤異文化体験が不足している、⑥体系的なマネジメント教育を受けていない、などの問題点がある。

　新しい時代の経営者には、上記の問題点を解決することができる若い(年齢でなく心の)リーダーの就任を期待するものである。真のリーダー育成によってしか、組織の変革と維持が不可能だからである。

(1)　売値を維持・向上せよ、販売量を維持・向上せよ、総原価を維持・低減せよ

　利益確保策は、3つの策しかない。①売値を維持・向上すること、②販売量を維持・向上すること、③総原価を維持・低減すること、の3つである。①②③の3つの策を成功させるために、④新技術開発・新商品開発や新市場開拓を実行する、という手段がある。

　利益確保・極大化の公式を体得するには、月度(合わせて3カ月分)の生産計画立案と同時に利益／予算／原価計画を立て、すぐに実施できる対策は実施し、利益確保ができるようテーマを見つけて改善に取り組むべきである。そのPDCAのサイクルを根気強く、忠実に回すことが、利益確保・極大化の公式を体得することにつながる。

(2)　損益分岐点(対売上高)比率を70%以下に下げよ

　どんな組織体においても、損失を出すか利益が出るかの分岐点を知ることは経営上、最も大切なことである。急に売上高が30%減少しても赤字にならない程度の、安定した経営体質を目指す必要があるからである。

　そのためには、変動費を下げること。つまり、材料費、購入部品費、外注加工費、直接労務費などを下げることが必要である。さらに、固定費は下げられないと思い込まずに、固定費の変動費化(例えば、パートやアルバイトなどの活用促進)や設備のフル活用(例えば、内製化の促進、受注促進などが挙げられる)を考えてみる。

　丹念に費目を精査し、1つずつ原価低減の検討を加え、計画的・組織的に低減に取り組めば、70%以下に下げることは可能である。

(3)　単品採算管理、毎日決算、職場別決算、月度の事前利益／予算／原価管理を徹底せよ

　単品採算管理は"工場利益確保・極大化"のためには欠かせない。ドンブリ勘定を脱し、きめ細かな経営に切り替えるためには重要である。原価計算体制が整備されていない場合は直接原価計算を実施し、粗利益を算出して活用すればよい。

　毎日決算は、工場の規模にもよるが、積み上げ計算しても直接原価の集計で、粗利益額・率の推移により判断可能になるであろう。そのためにはトヨタ生産方式の、必要なものを、必要な時、必

要なだけつくる、という基本的考え方に基づくことが必要である。毎日決算をすることも必要であるが、事前管理に切り替え、目標を割り付けて目標利益を毎日確保することと、損益分岐点（対売上高）比率を70％にまで少しずつ下げていくことが求められる。

職場別決算は、工場を職場に分割し、その職場ごとに決算することである。職場の構成は、可能ならば製品グループ別に編成することが望ましい。トヨタ生産方式の変形であるセル生産方式の採用などで、物的システムを整えることも大切である。

月度事前利益／予算／原価管理は、工程管理（納期・量管理）と利益確保のための利益／予算／原価管理とを一体化して、事前に行うことが重要である。事後の管理では効果が出ない。また、管理は一元化して行うことが望ましい。

4 工場経営成功のためには基本を忠実に実施せよ

工場経営を成功させるためには、基本を忠実に実施しなければならない。企業の社会的責任（CSR）が問われる時代になった。**法令を順守すること**は本来、企業として最低限の守るべき事項であった。最低限のレベル以上は、倫理の問題として扱うべき基準となろう。

さらに、**5Sはすべての管理の基礎である**。また、工場の骨格（製品・設備・人材などの物的システム）を強くすることが、工場経営成功の基本である。

(1) 法令順守マネジメントを徹底せよ

法令順守マネジメントは、日本企業が最もおろそかにしてきたことでもある。法治国家でありながら法律を尊重せず、談合体質を引きずった企業経営が展開されてきた。しかし今後は、経営のグローバル化に合わせて**法令順守を企業経営の基本に組み入れる必要がある**。

談合体質が指摘されるが、一方では倫理面で基準が法令以上に厳しい側面も確かにあった。しかし、それらは恣意的・文化的であるため、法律より不確実であり、グローバル時代の判断基準としては採用が困難なものである。

(2) 5Sをレベルアップせよ

5S（整理・整頓・清潔・清掃・躾）は、工場経営の基本であり基礎である。また、営業管理、人事・労務管理、安全・衛生管理、環境管理、作業管理、設備（金型・治工具）管理、資材・購買管理、財務管理、品質管理、原価管理、納期・量管理などあらゆる管理の基本であり、基礎である。

特に**設備管理**（TPM：全員参加の生産保全・生産経営）**面から構築された5S活動は、従来の5Sをレベルアップするものであり、全産業へ展開、普及できるよう一層の充実が期待される。**

(3) 工場の骨格（製品・設備・原材料・部品・人材などの物的システム）を強化せよ

どのような工場経営管理活動も、工場の骨格つまり製品、設備、原材料、部品、人材など物的システムが強くなければ、良い結果には至らない。

これからは、製品と設備と原材料・部品、人材など物的システムの全体が、十分に考えられて設計される必要がある。特徴ある製品を商品としてランクアップ（ハードウェアだけでなくソフトウェア〈知識・知恵〉、ヒューマンウェア〈サービス・思いやり〉も大切にした商品）する必要がある。**顧客満足を超える顧客感動（大満足）、そして顧客ロイヤルティーを得るためには、工場の骨格をシステム的に考慮してつくり上げる必要がある。物的システム強化は、その第一歩でもある。**

5 工場の現状を日常管理（維持、小改善）、方針管理（改革、大改善）で管理せよ

経営管理活動は、日常管理（維持・小改善の管理）と方針管理（改革・大改善の管理）からなっている。

⑴ 日常管理を徹底せよ

日常管理は、職制の強化によってより充実する。工場長の目標項目、目標値、目標期限が現場の第一線監督者に伝わり、一般従業員に具体的事項として指示・実施され、目標が達成されて、日常管理が全うできる。**職制を補完するものとして、小集団活動の充実も大切である。小集団活動は、問題発見・解決能力を全従業員に身につけさせるために有効である。**また、リーダー・フォロアー体験を全員にさせること、ならびにPTAの役割を果たさせることで、次世代のリーダーを養成するための優れた機会となっている。さらに、1人ひとりが上司の命令によって働かされるという意識から脱却でき、自主管理が可能になる。

⑵ 方針管理を戦略的に実施せよ

方針管理は、工場長にとっての本来業務である。中・長期経営計画として、**方針（目標・方策、つまり経営戦略、経営戦術）が明確化され、実施計画化されることが求められる。**しかも、利益／予算／原価管理と一体化されて、初めて地に足がついたものになる。TQC的方針管理を脱皮し、TQM的方針管理（戦略的方針管理）に変わるためには、**①戦略性の付与、②利益／予算／原価管理との一体化**、が果たされなければならない。さらに③組織的にはプロジェクトチーム活動（異質のメンバー〈関係他部門、関係する他会社〉を集めたクロスファンクショナル組織）などを活用することが望まれる。

⑶ 問題発見・解決能力、課題設定・達成能力を向上させよ

日本の競争力の源泉はQCストーリー、つまり問題発見・解決能力を役員、部課長、第一線監督者、一般従業員からパート・アルバイト、協力工場の従業員に至るまで身につけ、十分に発揮したからである。

おのおのの仕事を、苦役としてでなく、楽しみとして、使命として実践することができたからである。

そして、バブル崩壊を機に低迷に陥ったのは、改革・大改善を怠ったからである。欧米企業が革新技術の取り込みにより競争力を増し、発展途上国の企業が激しく追い上げてきた。それらの国々の企業に打ち勝つためには、**全部門・全階層の人たちが、課題設定・達成能力を身につける必要があった。**またIT技術をフルに活用することも、今まで改革・大改善が不十分であった間接部門の効率化には欠かせなかった。低生産性の産業や中小企業、公共サービスは、まだ改革・大改善の途上である。

つまり、**高い収益力を確保するためには、課題設定・達成能力を少なくとも正社員は全員が体得することが求められている。**

6 視野を広げて全体最適を追求せよ

日本の工場の多くは、中国の工場にとって代わられることを恐れている。確かに、単純な作業だけを切り分けて比較すれば、人件費の安い地域には勝てないと考えるかもしれない。しかし、**視野**

を広げて SCM（供給連鎖・価値連鎖経営）、ライフサイクルコスト・マネジメントという視点で捉えれば、十分競争に勝つことができる。

今までの本社を頼った、主体性のない工場経営から脱皮し、本社を動かす気概と改革・大改善を実践する力を持てば、どんな場合にも工場を継続することが可能になるであろう。

⑴ SCM（供給連鎖・価値連鎖経営）、ライフサイクルコスト・マネジメントの考え方を身につけ、発揮せよ

企業と企業の競争は、企業グループと企業グループの競争に変化してきた。原材料・部品業者から物流、外注加工、販売、工事、サービス、回収、廃棄、再利用に至るまでの関連業者の協力があって、初めて強い競争力が得られるようになってきている。また単に供給すればいいというものでなく、価値の創出・提供にあたっては、供給連鎖を構成する全企業が心を1つにして取り組む経営が求められるようになってきた。**したがって、SCM から VCM（Value Chain Management：価値連鎖経営）に脱皮することが求められている。**

原価管理の視点で言えば、ライフサイクルコスト・マネジメントの考え方も重要である。商品が企画され、生産が準備され、生産、販売、回収、廃棄から環境回復までのコストの競争で勝ち抜いていかなければならない。

製造原価のうちの直接労務費の占める割合は限られているため、アジアの発展途上国との競争にも勝ち得るのである。つまり、**日本企業が勝ち抜くためには、部分最適の考え方ではなく、全体最適の考え方を身につけ、発揮することが求められ**ている。

⑵ 本社を頼らず、主体性を持って本社を動かせ

工場は今まで本社を頼り過ぎてきた。開発面、資金面、営業面、人事面…すべてについてである。もちろんセクショナリズムに陥ることや、わがまま勝手は許されない。常に全体（全グループ、全社）最適と部分（工場）最適の調和を図りながら、**主体性を持って生き残り、発展することを考え、行動しなければならない。**工場以外の者がその工場中心に考え、行動してくれることを安易に期待してはならない。

しかし、工場からの提案が正当性のあるものならば、本社や上司は認めないわけにはいかない。中・長期や年度の経営計画立案時点、フォローアップ時点など、タイミングを捉えて前向きに改革・大改善を具申すべきである。また工場として、実施できる範囲で準備など必要事項は実施し、提案の正当性を高める努力を怠ってはならない。

⑶ グローバルに考え、ローカルに着手・実践せよ

国際化、情報化の時代が観念ではなく、実践の時代に入った。しかも、技術が日進月歩であるだけに、経営の意思決定の選択肢は増加している。したがって、**発想はグローバルな視点**からなされる必要がある。しかし、技術は進歩しても人間の考え方や行動のパターンは急速には変化しないし、できない。**着手と実践は、ローカルに進めなければ**いけないことが多い。

あきらめなければ、工場の存続・発展の機会は必ずある。果報は「練って」待つべきであろう。

7 効率の良い工場づくりを徹底せよ

日本の産業は、"モノづくり"から離れずに、①地産・地消の考え方を基本に持ち、②個別の要求・欲求に個別に応えながら、③農工商サービスの一体化的な発想などを活用して再構築すること、

が必要と考えられる。

効率性は、商品が生まれてから廃棄されるまでのライフサイクル全体で追求されるべきである。そうすれば、当たり前のごとく人間のための商品、工場、作業が追求され、自然との調和や人間らしい生活の優先順位が高められるであろう。

そのためには、IE（Industrial Engineering：生産工学の基本的技法）活用という原点に戻り、IT技術や映像技術なども駆使して、効率の良い工場、職場、工程、作業の仕組みづくりに向けた工夫と努力を全員参加で積み重ねるべきである。まだ効率化の余地は残されている。**セル生産方式や１人屋台方式など、トヨタ生産方式の考え方を全産業、全業種、全職種に拡大すれば効果は大きい。**

⑴　シンプルな商品・工程・作業設計を心がけよ

何事もシンプルがベストである。**商品、工程、作業の設計を同時に行うことによって（IT技術とシミュレーション技術をフル活用して）、ベストなシステムを開発、設計、生産準備段階など源流で活用することが可能になってきている。**

大量生産・大量消費の発想を断ち、"必要な時、必要なものを、必要なだけ"の発想をより一層進めることが大切である。

⑵　シンプルな組織を確立せよ

組織も細分化し過ぎて、人間本来の働く喜びが見出せない状況にある。職務拡大（多能職化）と職務充実（自主管理、自主経営化）により、従来の**ピラミッド型組織をネットワーク型**（アメーバ・ホロン型)**組織に変化させることが求められる。**階層を少なくしたり、機能を集約・統合することにより、**大企業病化を防ぐ必要がある。**

シンプルな組織は意思決定を速く的確にする。つまり、スピード感のある職場経営が可能になる。できれば、プロダクトマネジャーのような役割を担う人材に、開発と初期管理段階の経営管理を任せ、軌道に乗ってから一般組織に移すことも検討したい。またその段階でも、一連の開発−生産準備−生産−物流−販売という仕事について、すべて責任を持って完遂できるような組織の編成にすることが大切である。

⑶　源流管理を徹底せよ

効率の良い工場づくりは、源流管理の考え方で対処するのがベストである。しかし変種変量生産が前提となるので、**なるべく自由度の高い工場・職場づくりが必要とされる。**設備、金型・治工具、製品についても同様である。したがって、汎用性のある工場、レイアウト・設備・工法などを設置、導入するのが望ましい。

8　効率の良い工場運営を実践せよ

管理は、「管理しないで管理する」ことが理想である。そのためには、**働く人の質とやる気を高め、「自主管理・自主経営」にすることである。**また、異常や苦情を可能な限り未然に防止することが望ましい。

トヨタ生産方式では、そのような工夫が多くなされている。例えば、見える化（目で見る管理）、ポカヨケ、標準作業、かんばん、生産管理板などの工夫である。参考にしたい。

⑴　利益確保できる目標を的確に指示せよ

リーダーは常に強い意識を持ち、あきらめないことが重要である。**利益確保は、絶対に妥協を許さない最後の一線である**ことを肝に銘ずることである。利益確保を確実に実践するためには、**すべての目標を物量的目標**（１時間当たり何個つくる必要がある、１個つくるのに何g必要）など**原単位として算出するとともに、実際に実施できるよう改善し、担当者に個別に示すべきである。**そして、

その物量的目標を完遂する努力を一緒に粘り強く積み重ねることが欠かせない。

　そのためには、本社、経営層、スタッフ、実際の作業者や外部の協力者に、強く援助や協力を要請することを避けてはならない。適正な利益確保（投資利益率10％、売上高経常利益率10％、損益分岐点比率70％達成など）の目標を、3〜5年後の目標として設定する。その後、各年度目標を個別に設定する。それらの目標を見据え、かつ必ず実現できるよう、日々の仕事に真剣に取り組みつつ、改善を継続する執念が重要である。

　単品採算管理、毎日決算、職場別決算、月度事前利益／予算／原価管理それぞれの、PDCAの管理サイクルを何回も根気良く回すことで、体系立てた目標の設定と活用が可能になってくる。

⑵　意欲を持って目標達成に挑戦させよ

　目標はリーダーに対するものではない。利益を確実に出せない工場運営は、関係者全員の責任であり、社会に対する罪悪であることを気づかせなければならない。**意欲を持って仕事に励める社員だけが、本当の同志である**ことを、ことあるごとに客観的事実で訴え続けなければならない。非正規社員にまで意識が徹底できるようにするには、正規社員の意識改革がそれに先行して必須である。

　確実な利益確保のためには、具体的改善・改革テーマを全従業員に明確に示し、問題発見・解決能力、課題設定・達成能力を発揮し続けさせることである。それを繰り返すことで2つの能力を体得させることが可能になる。

⑶　自主管理・自主経営を促進せよ

　経営管理者は、全従業員に自主管理・自主経営のできる能力を、実際に発生する困難を乗り越える体験をさせつつ、身につけさせることが大切である。

　問題発見や課題設定は、"高い志"を持つことによって可能になる。異常・苦情などの問題点を隠蔽することは論外である。**全従業員が異常・苦情を事前につかみ、発生する前に前向きに解決することを体質化しなければならない。**

　自主管理を自主経営にレベルアップするには、全従業員が経営者的な発想で意思決定できるようにすることである。そのためには、経理、販売、開発、技術など、多面的な知識教育と実践的な体験教育が必須である。つまり、仕事を通じて知識と実践能力を教え込んでいく。**経営に強い現場リーダーの育成こそが、自主管理・自主経営を促進するために最も大切である。**

9 技能・技術の維持と向上を図り、改革、大改善を果たせ

　日本企業が生き残り、さらに発展するためには、高い技術力（固有技術力と管理技術力）と、それを支える優れた技能が必要とされている。**団塊の世代の退職者から後継者へ技能・技術の引き継ぎ問題が取り沙汰されているが、維持と向上のために怠りがあってはならない。**しかし、この機会を捉えて**技能の技術化、技術の革新的レベルアップ（改革、大改善いわゆるイノベーション）を目指すべきである。**

⑴　コア・コンピータンス（競争の核）となる技術を磨け

　商品の革新力、生産の革新力が問われている。革新するためには、コア・コンピータンス（競争の核）となる技術が何かを、将来を展望して見極める力が求められる。代表権を持つ経営者（CEO）、もしくは代表権を持つ経営者に意見具申する技術統括役員が、それを持っていなければならない。

　技術はわかるが経営がわからない経営者、経営はわかるが技術がわからない経営者であってはな

らない。**技術も経営もわかる経営者を、意識して育てなければならない。**

商品の革新と生産の革新は、競合企業や異業企業の動向も考え、グローバルな視点で捉える必要がある。**テーマの選定、方向とスピードを誤ってはならない。**常に顧客動向に配慮しながら、全グループで考え、状況把握とそれへの対応を怠ってはならない。

(2) 全社員に管理技術を絶え間なく教育せよ

管理技術（IE、QC、VE など）は要領良く仕事を進める技術であり、固有技術が"鬼"とすれば、管理技術は、"金棒"に例えられる。両方の技術がそろえば、まさに"鬼に金棒"であり、体質の強い企業になるためには欠くべからざる条件である。

管理技術は、一度教育すれば済むわけではない。新しく入社した社員、転籍していた社員、昇進・昇格した社員、非正規社員、関係会社の社員などにも、必要に応じ何度も手を替え、品を替え努力し、絶え間なく教育・徹底しなければならない。

(3) 技能伝承を国内外で長期的に、体系的に実施せよ

技能伝承は時代の要請であるが、伝承される側が技能を身につけた者から安易に受け取る感覚で取り組んではならない。基本的に**技能は、身につけようとする者が自ら築いたり、自ら盗み取らなければならない。**

技能伝承は本来、若い時期になされなければならない。日本の教育制度は改めなければならない。子供の頃から開始する訓練制度を考える必要がある。自分や自分の家（会社でもよい）に伝わる技能・技術（文化）に誇りを持たない人間集団は崩壊する。幼いうちから体で覚えることを避けては、技能・技術（文化）は一流の域に達し得ないことを悟る必要がある。モノづくりの技術・技能者もプロのゴルフ・野球選手や歌舞伎役者のように、正しく評価・表彰されなければならない。

モノづくり小学校・中学校・高等学校があっても何の不思議もない。現在の（知識、偏差値偏重の）学校教育は、これからの社会では有効に機能しないことを早く認識しなければならない。

当面は、技能伝承は企業の国際化が進展し、国内外それぞれで実施しなければならなくなってきた。映像やコンピュータ機器、IT ツールなどを可能な限り活用し、科学的に技能伝承ができる工夫をする必要がある。長期的、体系的に考えた技能伝承を実施することは、一般水準の作業者を養成する点では可能であるし、もちろんしなければならない。**一流の技能・技術者だけが、これからのグローバル化された厳しい企業間競争に勝つことができる働きをする**ことを忘れてはならない。そのためには、それなりの裾野の広さが求められる。"モノづくり"教育も根本的に見直しが迫られるだろう。

10 適切な評価・表彰制度を確立せよ

「人を評価し表彰するのは、何のためか」を問い直す必要がある。欧米型の成果主義型賃金は多くの企業で実施されたが、結果は失敗したと報道されている。人をやる気にさせること、人を育てることに反対する企業はない。**人材こそ、やる気を高めることこそ、今後の企業経営成功の"カギ"**になってきている。

(1) 利益確保に直結する目標項目（管理項目）を体系立てて設定し、活用せよ

適切な評価・表彰制度は、従業員やその集団を①やる気にさせ、②育てる。そのため、**人事考課の項目と利益確保の項目（管理項目）を合致させる**ことが望ましい。

しかし、これからの CSR（Corporate Social

Responsibility：企業の社会的責任）時代の利益確保という目的は、**短期極大利益の確保から長期安定利益の確保に切り替えなければならない**。それを基点として、体系立った目標をより具体的に展開し、設定・活用する必要性が高まっている。

また日本人は、個人よりチームを大切にする。**チーム活動にも並行して、適切な評価・表彰制度を立案・実施し、参加する人たちの理解や納得を得ることも、一方では忘れてはならない。**

⑵　適切な評価・表彰制度でやる気を高めよ

適切な評価をするためには、**適切な目標項目（管理項目）の設定が必要である**。そのためには、目標項目自体の定義を明確にして、責任を果たせる人に責任を持たせるよう設定し、実践的活用のための役割分担（権限の付与）をしなければならない。つまり、自主管理・自主経営を前提に考えるなら、責任が問われる分、権限も与えられなければならない。**基準として標準原単位を科学的に設定する**ことは、困難ではあっても可能な限り精度良くすべきである。ただ、単に精度良く設定することだけを目的にすることは避けた方がよい。活用して初めて意味があるからである。

目標や水準をどう決めるかは、基本的にはそれを実行する人次第である。しかし、**競争社会においては、相場が目標・水準を決める**事実があることも、一方では知っていなければならない。

⑶　表彰はさまざまな方法で多面的に実施し、職場および個人を活性化せよ

表彰というのは、一般的には賃金であり、昇進・昇格である。しかし人間は、旗を１本掲げても、腕章１つでも、バッチ１つでも、表彰状１枚でも、やる気になる場合がある。したがって、**自己実現という仮想の目標項目ならば、人間の価値観の数だけある**とも考えられる。

つまり、表彰をさまざまな方法で多面的に実施し、多くの人に目標達成の喜びやプライドを持ってもらうことが可能となる。それが職場や個人を、より活性化させ、意識を高めると同時に、チームワークを強くする。

11 工場に必要な人材を養成・スカウトせよ

工場が必要とする人材は、自ら計画的に多重的に養成するとともに、社内外より必要に応じてスカウトするという熱意も必要である。人材を多面的に活用しながらその適性をつかみ、本人のCDP（キャリア・ディベロップメント・プログラム）にも配慮し、必要人材を質・量ともに養成し、確保する必要がある。意外にも、地元採用でパート・アルバイトで入社した人の中に、工場を背負う人材がいたりするものである。

⑴　自らを磨き、レベルアップせよ

工場長の器の大きさで、その下に働く従業員の質・量が変わってくるものである。低迷していた工場が、１人の工場長の就任を機会に一変することは、珍しいことではない。工場長は自分の器を大きくするためにも自らを磨き、レベルアップをいつも心がけなければならない。

企業としても、後継者育成の一環として若手有望株を副工場長などとして配置し、将来の幹部を実践的に育成する機会とすべきである。**国内で訓練した工場長、つまり工場経営者（社内中小企業の経営者）を多く持つ**ことが、海外進出をより効果的にすることにもつながり、企業の有力な資産となる。工場長ポストは、社内外（例えば地域社会との良い関係を築き、保持することも大切な仕事である）に目を配らなければならない。また、時には人間としての資質を問われる機会もあるから、単に偏差値で優れていても通用しない場面も

多く存在する。

　そのためには、優秀な工場長像を描きまた育て、後輩のモデルとなるよう具体的に示す（他社に良い例があればそれも参考にする）ことも重要である。**伝説の工場長像となるような、各種タイプの工場長像で示せればベストである。**

(2) 分身をつくれ（後継者、右腕、知恵袋を育成・スカウトせよ）

　工場長を退くまでには、後継者を育成し、いつ引退しても、現在の経営管理レベルが低下しないように準備しておくことは大切である。それは、さながら中小企業における事業継承問題と同様である。海外工場や地方工場の場合には、工場長の現地人材化の必要性が今後ますます高まっていくだろう。

　どうしても本社の都合で工場を手離さざるを得ないときには、MBO（経営陣による企業買収）を想定する必要性も出現する時代である。

　退職者（社内外）の採用も含めれば、右腕、知恵袋となる人材を短期的にスカウトすることは可能であろう。**国の制度つまり退職後人材や高齢者を雇用する制度の特典を活用**しながら、現地人材を短期的に養成することも可能となろう。100％雇用でなく週何日間かを工場で勤めてもらい、残りの時間は地方生活や海外暮らしを楽しんでもらうことも考えられる。頭を柔軟にし、地方の政策やＵターン人材を活用する工夫も大切であろう。

(3) 部下を愛せよ（部下を叱れ、褒めよ、思いやれ）

　部下に関心を持つことが、最初に重要である。工場長の仕事はすべて部下や関係者が実施・協力してくれて成果を得られる。**結局、部下は工場長の姿勢や生き様を見て判断し、行動する。**部下の協力を得るためには、自分の方針（目標、方策）を実施計画書として具体的に示すこと。しかも可能な限り、経理的な情報も正しく公開していくべきである。つまり、**方針管理や日常管理を的確、着実に実施する以外に方法はない**ことを理解しなければならない。戦後教育の中で育った人たちは、肩書や権力だけでは動かなくなっている。

　個人情報保護にはある面で反するが、個人の希望や要望、考え方を知らずにリーダーシップは発揮できない。情報が不足していれば**あらゆる機会を捉え、相互コミュニケーションを深めること**で相手が本音を語ってくれるように導き、必要な情報を入手することである。国籍や生い立ちが異なっても、相手も同じ人間である。日本国内のことでも同様である。

　戦後日本の家庭教育、特に躾教育の劣化は、目を覆うばかりである。しかし、人間の本質はそんなに変化はない。愛情を持って、叱り、褒めることが人を育て、やる気を高めるためには必要である。家庭、地域、学校で叱られたりせず、甘やかされて育った人も多い。**採用時に厳しくしつけることは必須である。**時には褒め、長所を伸ばしながら育てる必要もある。年齢、男女、正規・非正規社員の構成などにも配慮し、個別の人材の要望と工場（企業）のニーズをバランス良く満たしていくことが大切である。

　そのためには、**方針説明会や朝礼・夕礼、掲示板、さらには個人面談などを通し、工場長としての考えを末端まで全員に伝える努力を怠ってはならない。**それが部下への思いやりであり、愛情でもある。

12 誰よりも仕事に打ち込め

　工場長の仕事は多様であり、奥深い。しかし、責任だけあって権限が十分に与えられていない場合もある。十分な権限が与えられていなくとも工場の内外に配慮し、きめ細かく適切に対応してい

くためには、**工場長自らが誰よりも仕事に打ち込み、誠心誠意関係者に応対する以外の手段はない。**

背水の陣で毎日、毎時間を過ごしながら、理解者を少しずつ増やす努力を重ねるべきである。権限は仕事の成果を上げてから要求すべきものであり、自然に渡されるものである。

(1) 甘い工場長から脱皮せよ、部下の手本となれ

厳しい企業環境の中、国内で生産を続け、雇用を確保していくためには、従来の甘い工場長（2〜3年の腰掛けのつもりというような気持ちの工場長）では通用しないと、当初より考えるべきである。**赴任当初、工場長としての仕事が軌道に乗る前は、24時間・365日勤務のつもりで、つ**まり中小企業経営者（良い悪いの評価は別にして、日本の中小企業経営者は、自分の資産もすべて銀行借入の担保に入れて、文字通りすべての人生を懸けて経営に従事している人も多い。それに比較すれば、まだまだサラリーマン経営者は甘いと言わざるを得ない）のつもりで仕事に取り組む必要がある。

したがって家族、特に奥さんの理解と協力は欠かせない。

甘いだけの工場長は、関係者を不幸に陥れる危険性がある。一流工場をつくり上げるという覚悟と信念のある者だけが、辞令を受け取るべきであろう。工場に向けられる社会の目は厳しい。法令を順守しなければ、顧客に被害を与えれば即、社会問題となる。そのときはマスコミからの過剰な、時には悪意に満ちた攻撃を受ける場合もある。**緊張感を持って、しかし仕事を通し、社会に貢献している喜びを工場に関係する人たち全員で得られるよう、部下の手本になるような日々を計画的に過ごすようにすべきである。**

(2) コミュニケーション能力を強化し、工場内外で発揮せよ

工場は、しょせん人と人の集まりであり、関係する人たちの生活を豊かにするためのモノづくりの場である。

"働いてよかった、自分の能力が発揮できた、また能力も向上した" と思ってもらえる工場にしなければならない。さらに、工場がある（進出してきた）ことで、地域（国）に貢献していると関係者に思ってもらえるようにするには、**コミュニケーション能力をより強化し、工場内外で発揮する必要がある。**

そのためには、開かれた工場、活気のある工場、地域（国）に溶け込んだ工場を目指して、工場長としての最大限の努力を注がなければならない。工場建設・運営にあたっても、地域に配慮した、例えば周囲の景観を守るような工場づくりをする。地元の人たちとの交流や、安定した雇用の確保などの努力を怠ってはならない。

(3) 三直三現（直ちに現場へ行き、直ちに現物を見て、直ちに現実を直視する）主義に徹せよ

工場長の仕事の基本はすべて現場にある。机に座っていて、コンピュータ情報だけで意思決定をしてはならない。**"三直三現" 主義を実践しながら現場**（人、設備、金型・治工具、原材料、部品、仕掛品、製品、協力企業…）**を把握・整備し、強化することの繰返しが大切である。**明日の仕事の準備、今日の仕事の立上げや生産、そしてそのフォローを通して、工場や現場の"強み"や"弱み"がつかめるからである。

現場の中の小さな動きや変化から、将来の夢（ビジョン）を描いたり、描き直したり、方法や手順を組み立てたり、再考したりすることは最も重要なことである。

強い現場が利益の源泉であり、工場の存続・発展の "カギ" になるからである。

澤田　善次郎（技術士・中小企業診断士）

119

工場長の管理能力・実行力セルフチェック

	評 価		
	優れる ○	普通 △	劣る ×

1. 自分の工場（部門、つまり城）は自分で守っているか。

　(1)工場の使命、自分の使命は何かを明確にしているか。

　(2)自分が着任したとき以上の状態で、次の工場長に引き継げる
　　よう心がけているか。

　(3)あらゆる手段で、自分の工場を守っているか。

2. 工場の理想像を具体的に描いているか。

　(1)工場の利害関係者（ステークホルダー）の満足をバランス良く
　　実現しているか。

　(2)経営資源を使いこなしているか。

　(3)"志" を高く持っているか。

3. 工場の利益確保・極大化の公式を体で覚えるよう心がけて
　いるか。

　(1)売値、販売量を維持・向上させ、総原価を維持・低減してい
　　るか。

　(2)損益分岐点（対売上高）比率を 70%以下に下げているか。

　(3)単品採算管理、毎日決算、職場別決算、月度の事前利益／予
　　算／原価管理を徹底しているか。

4. 工場経営は基本を忠実に実施しているか。

　(1)法令順守マネジメントを徹底しているか。

　(2)5 S をレベルアップしているか。

　(3)工場の骨格（製品・設備・原材料・部品・人材などの物的シ
　　ステム）を強化しているか。

5. 工場の現状を日常管理（維持、小改善）、方針管理（改革、
　大改善）で管理しているか。

　(1)日常管理を徹底しているか。

　(2)方針管理を戦略的に実施しているか。

　(3)問題発見・解決能力、課題設定・達成能力を向上させている
　　か。

6. 視野を広げて全体最適を追求しているか。

　(1)SCM（供給連鎖・価値連鎖経営）、ライフサイクルコスト・マ
　　ネジメントの考え方を身につけ、発揮しているか。

　(2)本社を頼らず、主体性を持って本社を動かしているか。

　(3)グローバルに考え、ローカルに着手・実践しているか。

7. 効率の良い工場づくりを徹底しているか。

(1)シンプルな商品・工程・作業設計を心がけているか。

(2)シンプルな組織を確立しているか。

(3)源流管理を徹底しているか。

8. 効率の良い工場運営を実践しているか。

(1)利益確保できる目標を的確に指示しているか。

(2)意欲を持って目標達成に挑戦させているか。

(3)自主管理・自主経営を促進しているか。

9. 技能・技術の維持と向上を図り、改革、大改善を果たしているか。

(1)コア・コンピータンス（競争の核）となる技術を磨いているか。

(2)全社員に管理技術を絶え間なく教育しているか。

(3)技能伝承を国内外で長期的に、体系的に実施しているか。

10. 適切な評価・表彰制度を確立しているか。

(1)利益確保に直結する目標項目（管理項目）を体系立てて設定し、活用しているか。

(2)適切な評価・表彰でやる気を高めているか。

(3)表彰はさまざまな方法で多面的に実施し、職場および個人を活性化させているか。

11. 工場に必要な人材を養成・スカウトしているか。

(1)自らを磨き、レベルアップしているか。

(2)分身をつくっているか（後継者、右腕、知恵袋を育成・スカウトしているか）。

(3)部下を愛しているか（部下を叱り、褒め、思いやっているか）。

12. 誰よりも仕事に打ち込んでいるか。

(1)甘い工場長から脱皮して、部下の手本となっているか。

(2)コミュニケーション能力を強化し、工場内外で発揮しているか。

(3)三直三現（直ちに現場へ行き、直ちに現物を見て、直ちに現実を直視する）主義に徹しているか。

○×5	△×3	××1
総合計（		）

（注）診断手順と総合評価

①小3項目（(1)(2)(3)）をチェックしてから大項目（1・2・3…12）をチェックしよう。

②「劣る」（×印）項目については本文を読み、解決の処方箋を自ら書こう。

③「優れる」（○印）と「普通」の項目（△印）について本文を読み、それ以外に取り組んでいることを付記しよう。

④大項目の○を5点、△を3点、×を1点として、12項目の総合計点が50～60点なら良い、23～49点なら普通、22点以下なら悪いと判定し、改善と維持向上の努力を続けよう。

■索引 ‥‥‥‥‥‥‥‥‥‥‥‥‥‥‥‥‥‥‥‥‥‥‥‥‥‥‥‥‥‥

★執筆者一覧

工場長スキルアップ研究会

会　　　長	澤田	善次郎	椙山女学園大学、技術士（経営工学部門）・中小企業診断士
代表幹事	島	雄	島コンサルティングサービス
幹　　　事	大石	哲夫	大石コンサルタント
	石島	隆	法政大学大学院イノベーション・マネジメント研究科、公認会計士
	今林	幹雄	労働安全コンサルタント事務所
	甲斐	山里	ISO＆生産技術コンサルティング
	澤田	弘道	ベルヒュード国際経営研究所、技術士（化学部門）
	鈴木	宣二	鈴木宣二技術士事務所
	仲	俊一	株式会社イーメッツ
	畑	啓之	技術士（化学部門）・中小企業診断士

＊所属・役職は原則、執筆時点を表記

★参考文献

・日本生産管理学会「生産管理ハンドブック」（日刊工業新聞社、1999年）
・日本経営工学会「生産管理用語辞典」（日本規格協会、2002年）
・澤田善次郎「目で見て進める『工場管理』」（日刊工業新聞社、1989年）
・実践経営研究会「現場管理者にパワーをつける事典」（日刊工業新聞社、1990年）
・名古屋QS研究会「実践 現場の管理と改善講座」全15巻（日本規格協会、1993～2005年）

新装版「工場管理」基本と実践シリーズ

工場長スキルアップノート

NDC 509.6

2023年2月10日　初版1刷発行

定価はカバーに表示してあります

Ⓒ編　者　　工場長スキルアップ研究会
　発行者　　井　水　治　博
　発行所　　日　刊　工　業　新　聞　社
〒103-8548　東京都中央区日本橋小網町14-1
　　　　電話　書籍編集部　03-5644-7490
　　　　　　　販売・管理部　03-5644-7410
　　　　　　　Ｆ　Ａ　Ｘ　03-5644-7400
　　　　振替口座　　00190-2-186076
　　　　URL　https://pub.nikkan.co.jp/
　　　　e-mail　info@media.nikkan.co.jp
印刷・製本　美研プリンティング

落丁・乱丁本はお取り替えいたします。　　2023 Printed in Japan
ISBN 978-4-526-08250-4　C3034